海南师范大学大学生创新创业开放基金（榕树基~~金~~）
研究成果

项目编号：202211658004S
项目名称：双语体育科学培训馆
项目类型：创业实践项目
榕树基金级别：榕树火炬

花样篮球的理论与实践研究

戴慧群　王　杨　著

吉林文史出版社

图书在版编目（CIP）数据

花样篮球的理论与实践研究 / 戴慧群，王杨著．

长春：吉林文史出版社，2024. 10. — ISBN 978-7
-5752-0722-5

Ⅰ.G841.2

中国国家版本馆 CIP 数据核字第 20246ND730 号

花样篮球的理论与实践研究
HUAYANG LANQIU DE LILUN YU SHIJIAN YANJIU

著　　者：戴慧群　王　杨

责任编辑：靳宇婷

出版发行：吉林文史出版社

电　　话：0431-81629359

地　　址：长春市福祉大路 5788 号

邮　　编：130117

网　　址：www.jlws.com.cn

印　　刷：河北万卷印刷有限公司

开　　本：710mm×1000mm　1/16

印　　张：12.75

字　　数：206 千字

版　　次：2024 年 10 月第 1 版

印　　次：2024 年 10 月第 1 次印刷

书　　号：ISBN 978-7-5752-0722-5

定　　价：78.00 元

前　言

随着素质教育的发展与"双减"政策的落地，体育学科越来越受到重视，人们对体育学科的认识越来越清晰，对体育运动项目越来越喜爱。2017年，笔者偶然接触到花样篮球，真正体会到了什么叫"玩中学，学中玩"。为了将花样篮球更好地应用于幼儿园教学，笔者亲自指导一所乡镇幼儿园进行花样篮球园本课程的开发，并指导申报课题，取得了良好的效果，得到当地教育局领导和家长的肯定。在这一过程中，小朋友们非常受益，教师也获得了自信。

到底应该怎样开展花样篮球活动？不同的专家和学者对此看法不一。笔者查阅相关文献发现，目前很少有研究成果对花样篮球究竟应该怎样玩、玩的效果怎样等进行比较清晰的阐述。本书在调研的基础上，以海南师范大学大学生创新创业开放基金（榕树基金）项目"双语体育科学培训馆"为依托，综合调研信息并查阅了各种文献，形成书稿内容。本书基于对过往经验的总结，从全新的角度出发，对花样篮球的理论和实践进行了梳理，从而让更多人了解花样篮球。

在生活中，篮球随处可见，如一些艺术创作中可能有篮球，一些课间操中可能有篮球，一些集体活动中也可能有篮球，一些演出活动中还可能有篮球，这些都是花样篮球的体现。可以说，目前，花样篮球被越来越多的学校所接受。但是，纵观与篮球有关的书籍，其中很

1

少对花样篮球进行系统介绍，而从理论到实践的总结对于推广花样篮球恰恰非常必要。

为了能够让读者更清晰地了解花样篮球，让教师更好地从理论层面到实践层面全面理解花样篮球，从而更好地有的放矢地进行花样篮球的教学，本书对花样篮球教学、学习时用到的理论、相应理论应该如何指导实践，乃至对实践中的游戏案例进行了梳理，并整合了教师、家长、社会层面的反馈，也就是把花样篮球从理论到实践进行了全面梳理，便于指导未来花样篮球相关工作者开展工作。

本书主要由戴慧群和王杨共同撰写完成，共计 20.6 万字，其中戴慧群负责撰写 18.6 万字，王杨负责撰写 2 万字。此外，戴慧群指导学生李东泽、高郁雯、黎致俪、陈琪、沈家尧、种泓宇、陈杰坤、薛昀姗、曲艺瑄、方萌、张凯茹进行图文整理，指导一线教师陈秋香、陈科华、赖静、林霞、刘琳、刘素华、孙惠清、李海滢、肖春、周勇连、刘福秀、刘路芸进行图文设计。本书由戴慧群和王杨共同进行整理与审校，直至最后定稿。

本书所涉及的 30 个案例基本出自课题组团队的精心设计，并在课题组团队的共同努力下终于定稿。在撰写本书过程中，笔者不仅阅读了大量文献和书籍，而且与开展花样篮球工作的一线教师进行了交流。希望本书能够为开展花样篮球教学的幼儿园、小学、中学教师提供一定参考，也希望玩活、学活、耍活篮球的花样篮球理念能够让更多的学校和教师知晓，让学生真正在"玩中学，学中玩"。

戴慧群

2024 年 7 月 6 日

目 录

第一章 概　述

"欲文明其精神，先自野蛮其体魄"这句话道出了运动的重要性。篮球运动以其独特益处而为许多人所喜爱。但是，如果运用传统方法来教授或学习篮球，其效果并不好。比如，单纯教授一些篮球技法难以激发学生的兴趣。如果能够将篮球教活，将篮球学活，将篮球玩活，将篮球耍活，将有利于调动学生的学习兴趣，从而使学生能够集中注意力来学习篮球。花样篮球可以打破传统的篮球教学方式，让教师教出花样，学生学出花样，从而寓教于乐，寓教于学。由此可见，花样篮球是一个很好的切入点，它能让学生在"玩中学，学中玩"。

第一节　与篮球有关的知识

一、篮球的概念和起源

篮球（basketball）是一项对抗性体育运动，是奥运会比赛项目之一，由美国马萨诸塞州斯普林菲尔德基督教青年会训练学校体育教师詹姆斯·奈史密斯（James Naismith）于 1891 年 12 月 21 日发明。最初篮球游戏比较简单，其场地大小和参加人数没有限制。在当时的篮球比赛中，两队队员人数相等，分别站在球场两端，在裁判员向球场中央抛球后，两队队员立即冲进场内抢球，并力争将球投进对方篮筐。篮筐是有底的，球投中以后就留在篮筐里，人必须登上专设的梯子才能将球从篮筐里取出。后来随着场地设施的不断改进，篮筐取消了筐底，并改用铁圈代之，铁丝挡网用木板来代替，场地增设了中线、中圈和罚球线，比赛改由中场跳球开始。同时，场上每队队员改为 5 人，有后卫、守卫、中锋、前锋等之分。此外，还相继出现了一些不太完善的竞赛规则，如奈史密斯制定了 13 条竞赛规则，规定不允许抱人、绊人、打人等。

1892 年，篮球运动由美国传入墨西哥，而后传入法国、英国、中国、巴西、捷克斯洛伐克、澳大利亚、黎巴嫩等国家。1932 年，国际篮球联合会（FIBA）成立。1936 年，男子篮球在柏林奥运会中被列为正式比赛项目，中国也于当年首次派出篮球队参加奥运会篮球项目。1946 年，美国出现职业篮球联赛。1956 年，中国篮球协会成立。1976 年，女子篮球被列为奥运会正式比赛项目。

二、篮球规则

普遍认为，篮球规则在硬件、赛制、违例、犯规、暂停、替换、分歧等方面有要求。比如，硬件方面对场地、篮球架等有要求。赛制方面有五人制、交替拥有、三人制等规则。违例方面有带球走、运球违例、拳击球、故意脚踢球、球回后场、掷界外球、3 秒违例、5 秒违例、8 秒违例、24 秒违例等规则。犯规方面有侵人犯规、违反体育道德的犯规、双方犯规、技术犯规、全队 4 次犯规等规则。比如，暂停作为一个规则，有些赛事会对暂停做出规定：在第一个半时的任何时间，每队可准予 2 次要登记的暂停；第二个半时内，可准予 3 次要登记的暂停，以及每一决胜期的任何时间可准予 1 次要登记的暂停；未用过的暂停，不得留给下一个半时或决胜期；每次暂停为 1 分钟，在比赛中，只有教练员或助理教练员有权请求要登记的暂停。关于替换，有些赛事中规定只有替补队员有权请求替换，替补队员应到记录台前清楚地要求替换，如做出替换手势或坐在替换席上，并做好比赛准备。不同赛事在以上所提及的规则中有不同规定。以中国男子篮球职业联赛（CBA）为例，其竞赛规则如下：①采用 4×12 分钟的比赛方式，其中第 1、2 节和第 3、4 节中间休息 2 分钟，第 2、3 节之间休息 10 分钟；②一名队员已发生 6 次侵人犯规或技术犯规，必须立即离开比赛；③一节中某队已发生 5 次全队犯规时，该队处于全队犯规处罚状态；④每队在第 4 节和每一决胜期最后 2 分钟各增加一次 30 秒短暂停；⑤投中篮后和第 4 节及决胜期最后 2 分钟内拥有掷球入界球权的球队请求暂停后，均在"掷球入界线"执行掷球入界恢复比赛（但本应位于前场端线掷球入界除外）；⑥采用中国篮球协会审定并提供的 7 号联赛用球。FIBA 和 NBA（美国职业篮球联赛）对比赛时间、犯规次数、三分线、暂停数、干扰球规则、区域防守等有不同规定，具体见表 1-1。NBA 的规则具有一定特殊性，奥运会篮球比赛严格遵守 FIBA 规则。

表 1-1　FIBA 和 NBA 的不同规定

项目	FIBA	NBA
比赛时间	每节比赛时间为 10 分钟，4 节比赛一共 40 分钟	每节比赛时间为 12 分钟，4 节比赛一共 48 分钟
犯规次数	球员犯规 5 次会被罚下，技术犯规次数也计算在内	球员犯规 6 次，或者技术犯规 2 次会被罚下
三分线	三分线顶弧距离篮筐为 6.75 米，距离底线为 6.75 米	三分线顶弧距离篮筐为 7.25 米，距离底线约为 6.7 米
暂停数	所有暂停时间都是 1 分钟，每支队上半场可以叫 2 次暂停，下半场 3 次，加时赛 1 次	每场比赛可以叫 6 次长暂停、2 次短暂停（上下半场各一次），加时赛中还有 3 次 60 秒暂停
干扰球规则	并不算违例，这是完全合规的，只要球还在上升，球员就可以触碰	判罚干扰球
区域防守	任何形式的区域防守都是被允许的	区域防守被允许，但由于 3 秒规则的存在，球员不可以一直待在 3 秒区内

三、篮球术语

篮球术语包括扣篮、补篮、卡位、领接球、错位防守、要位、突破、空切、一传、盖帽、补位、协防、紧逼防守、斜插、时间差、篮板球、罚球、挡拆、空接（空中接力）、关门等。术语及其解释见表 1-2。

表 1-2 篮球术语及解释

术语	解释
扣篮	运动员用单手或双手持球，跳起在空中自上而下直接将球扣进篮筐
补篮	投篮不中时，运动员跳起在空中将球补进篮筐内
卡位	进攻者运用脚步动作把防守者挡在自己身后
领接球	运动员顺传球飞行方向移动，顺势接球
错位防守	防守者站位在自己所防守的进攻者身侧，阻挠其接球
要位	进攻者用身体把防守者挡在身后，占据有利的接球位置
突破	运球超越防守者
空切	进攻者空手向篮跑动
一传	获球者由守转攻的第一次传球
盖帽	进攻者投篮出手时，防守者设法在空中将球打掉的动作
补位	当一个防守者失掉正确防守位置时，另一防守者及时补占其正确防守位置
协防	协助同伴防守
紧逼防守	贴近进攻者，不断运用攻击性防守动作，威胁对方持球的安全或不让对方接球
斜插	从边线向球篮或者球场中间斜线快跑
时间差	在投篮时，为躲避对方防守的封盖，利用空中停留改变篮球出手时间
篮板球	投篮不中后，双方运动员争抢打在篮筐或篮板上篮球的球权
罚球	进攻队员被犯规后，站在罚球线后的半圆内，在无争抢的情况下进行投篮，每进一球得一分
挡拆	进攻球员进攻时，队友通过挡拆对方防守球员的形式为持球者摆脱防守
空接（空中接力）	持球球员把球抛向篮筐，无球球员向篮球的位置跳起，投篮（扣篮）得分
关门	邻近的两名防守持球者的队员向进攻者突破的方向迅速合拢，形成"屏障"，堵住持球进攻者的突破路线

由表 1-2 可知，篮球术语具有一定专属性。学生要想学透学精篮球知识，就要在实践中不断摸索，同时教师也要在教学时注意对学生进行相关术语的讲授。本书中提到的花样篮球学法可以让学生变着花样学习枯燥的篮球知识，在"学中玩，玩中学"，将篮球玩活、学活，在无形中将篮球的相关知识融入自己的知识体系。

四、与篮球有关的主要组织、赛事

与篮球有关的主要组织有中国篮球协会、国际篮球联合会、美国大学生体育联合会（NCAA）。与篮球有关的主要赛事有中国男子篮球职业联赛、世界女子篮球锦标赛、奥林匹克运动会篮球比赛、美国职业篮球联赛、NCAA 的篮球联赛等。

五、篮球场

篮球场是指可以进行篮球比赛和篮球活动的场所，有室内和室外之分。一般以国际及各国篮球联合会要求的可以开展篮球比赛的标准场地来进行建设，整个篮球场地长 28 米，宽 15 米。篮球场的长边界线为边线，短边界线为端线。从边线的中点画一条平行于端线的线为中线。以中线的中心为圆心，画一个圆圈为中圈。由场上两条拱形限制出的地面区域为 3 分投篮区。篮球架下用特别的颜色画出的长方形区域为 3 秒限制区。防守队员犯规后判由进攻队员罚球时站立的线为罚球线。罚球时罚球队员站立的区域为罚球区。总体来说，篮球场主要由边线、端线、中线、中圈、3 分投篮区、3 秒限制区、罚球线、罚球区组成。

六、篮球架及篮球

篮球架由底座、篮板、篮圈、篮网等组成，是篮球投掷的目标（器材）。篮球是球形的，一般为暗橙色。男子篮球圆周既不得小于 74.9 厘米，也不得大于 78.0 厘米，重量既不得少于 567.0 克，也不得多于

650.0 克；女子篮球圆周既不得小于 72.4 厘米，也不得大于 73.7 厘米，重量既不得少于 510.0 克，也不得多于 567.0 克。篮球外壳用皮、橡胶或者合成物质制成。充气后，篮球从 1.8 米的高度（从球的底部量起）落到球场的地面上，反弹起来的高度既不得低于 1.2 米，也不得高于 1.4 米（从球的顶部量起）。

七、篮球球员

篮球球员是指参与篮球运动项目的运动员。篮球球员在篮球场上有相应位置：1 号位球员为控球后卫，2 号位球员为得分后卫，3 号位球员为小前锋，4 号位球员为大前锋，5 号位球员为中锋。其中，1 号位球员是球场上拿球机会最多、掌握比赛节奏、组织进攻的人；2 号位球员以得分为主要任务，他的身材一般高于控球后卫，外围投篮是其主要得分手段；3 号位球员是球队中十分重要的得分者；4 号位球员在队中承担的任务主要是抢篮板、防守、卡位；5 号位球员是一支球队的中心人物，无论是进攻还是防守，都是球队的枢纽。

八、篮球比赛裁判员

篮球比赛裁判员包括 1 名主裁判员和 1 名或 2 名副裁判员，他们由记录台人员和 1 名技术代表协助。记录台人员应包括 1 名记录员、1 名助理记录员、1 名计时员和 1 名 24 秒计时员。技术代表应坐在记录员和计时员之间，比赛中，他的主要职责是监督记录台人员的工作，并协助主裁判员和副裁判员，使比赛顺利进行。比赛期间，裁判员不应与场上任一球队有任何方式的联系。裁判员、记录台人员和技术代表不仅应按照比赛规则来指导比赛，而且无权改变比赛规则。裁判员的服装应由裁判衫、黑色长裤、黑色袜子和黑色篮球鞋组成。记录台人员和裁判员应着装一致。

九、篮球运动中常见的损伤

篮球运动是一个集体对抗性很强的球类运动项目，进攻和防守瞬间交替，对此，球员需要跳跃和下蹲、体位改变等，可以说，不断变换动作是篮球运动的特点。因此，篮球运动员非常容易出现各种运动损伤。据统计，篮球运动员易发生运动损伤的部位依次是膝关节、足踝部、腰部、手部、头面部等。运动损伤的性质多数为关节囊损伤、韧带扭伤、髌骨劳损和软组织挫伤等。在幼儿篮球运动中，幼儿出现的损伤情况多是脚扭伤、鼻子碰伤、手指受伤、头磕伤等。

总之，只有清楚了与篮球有关的知识，才能方便人们进一步进行教学、学习。假如要在中小学和幼儿园开展相关篮球知识的普及，需要注意以下方面：第一，中小学和幼儿园开展篮球活动课程主要是面向全体中小学生和幼儿，教师应收集中小学生和幼儿对篮球比较敏感的知识性问题进行教学，从而引起中小学生和幼儿的兴趣和好奇心；第二，知识的教授方式和选取的内容一定是中小学生和幼儿认知范畴所能接受的；第三，篮球知识尽量与篮球课程渗透的游戏技能相辅相成，通过游戏技能的体验来讲解知识，让中小学生和幼儿理解得更深刻；第四，知识内容尽量以中小学生和幼儿感兴趣的方式呈现出来，如插图形式等；第五，教师要善于运用启发式语言，并善于运用举例说明。

第二节　跨学科教学的知识

一、跨学科教学的含义

跨学科是指超越原学科界限，从事其他学科的学习，如跨学科教学。跨学科教学是指超越单一学科界限，涉及两门或两门以上学科的知识创造和传播活动，其将两门或两门以上学科或专业知识体系的信息、数据、技术、基础、视角、概念和理念进行整合，以促进基本认识或解决单一学科或领域难以解决的问题。在发现和解决实际问题过程中，当单一学科的知识和方法不够用时，就产生了跨学科的需求。跨学科教学意味着整合多学科方法和分析框架来研究问题。

二、跨学科教学的价值

跨学科教学是基础教育课程改革和学生核心素养培育的必然要求。跨学科教学可以还原知识本来普遍联系的状态，打破学科壁垒，整合学科知识，重构知识图谱，成为分科教育改革新的增长点；可以提升学生认识和解决问题的能力，有利于开阔学生视野，增进学生对知识的理解，提升学生的综合能力；可以拓宽教师知识面，促进教师专业发展；可以正面回应对学科之间联系贯通的考查。

跨学科教学符合国家对教育教学改革的要求。《中小学综合实践活动课程指导纲要》的发布对于理论与实践相结合的教学提出了更高要求。该纲要指出，应培养"学生综合运用各学科知识，认识、分析和解决现实问题，提升综合素质，着力发展核心素养，特别是社会责任感、创新精神和实践能力"。探索基于学科的综合化教学实践是国家对教师提出的新要求。

跨学科教学将不同领域的学科知识、技能和思维进行了整体设计和深度融合，使得知识应用更具有灵活性、迁移性，课程内容更具有开放性、系统性，问题解决能力更具有综合性、完整性，人才培养更具有复合性、创新性。跨学科教学是一个新事物，需要教师在教育教学实践中不断优化实施路径，深化改进策略，以期更好地满足学生终身发展和社会发展的需求，促进学生的全面发展。

三、跨学科教学的策略

《义务教育课程方案和课程标准（2022年版）》的出台在中小学掀

起跨学科学习的探索热潮。对此，如何及时呼应教育热点，联系实际协调已有项目，保持前后连贯的教育发展态势？如何既不颠覆已有课程整体结构和教学秩序，又有力地推进创新工作？如何既依靠教育行政管理的强劲推力，又充分尊重教师的主体作用？需要依靠各界力量继续探讨，具体可以从以下几方面入手：

第一，从本学科出发，统筹关联其他学科。跨学科学习是为了纠正过于细化和分离的分科学习，连通学生的知识与生活、学习与社会。跨学科学习终归有学科立场，在实践中，本学科不可被关联学科所取代。同时，跨学科学习的本质特征决定了其学习方式的多样化，绝非靠知识灌输和个体独立学习所能完成的。

第二，开展跨学科教学，把握深层方法论。跨学科教学可以使教师的视野更开阔，思维水平不断提升。用不同学科理论观照实践，教师可以构建起宽广的跨学科知识体系和系统框架，从不同视角看待原学科，建立对人的整体观，细致体察人的个性及个性化的需求。教师能认识到学生是一个身、心、情、智共生共长的完整个体，以及学生的多样性和无限可能性，这样在教学实践中就能有意识地运用多种策略、技能、手段和工具，来支持学生的跨学科学习。

第三，行政学术双驱动，统一目标与过程。一是依托行政力驱动，通过政策文件、广泛动员、组织和经费保障、督导评估等方式，指向整体和效率进行统筹推进。二是基于教育本身的复杂性、高度情境化特点，以学术追求、专业精神、价值取向为内在动力，驱动课程开发、课题研究、课堂变革等。

四、跨学科教学中存在的问题

跨学科教学是 STEAM（Science、Technology、Engineering、Art、Mathematics）教育中的一种重要教学方法。但是要把跨学科教学做好并不是一件容易的事情。例如，北京交通大学附属中学曾组织开展了一堂跨学科教学示范课。该示范课以清洁能源为主题，融合了数学、物理、地理、生物四门学科的知识，通过动手实践和探究思考等方式，帮助学生了解环境问题。在课程设计中，虽然各学科知识的衔接十分紧密，但是最后学校还是表示将跨学科课程常态化是一个难题。从这个例子中可以发现，相对来说，这堂示范课是对比较成熟学科进行的跨界，这样都如此有难度，那么将英语融入体育教学进行跨学科整合更有难度。曾经笔者与许多体育教师及体育生交流过，他们的英语水平整体不高，所以要把英语和体育进行跨学科教学，还需要提升体育教师的英语水平。

在新课程改革背景下，跨学科主题教学所面临的多重困境和严峻挑战可想而知。

第一，跨学科主题教学的多元样态。主题教学作为课程整合下的一种跨学科教学模式，逐渐运用于课堂教学实践。跨学科主题教学有两种：一种是在综合实践课程活动中由不同学科教师与学生合作，共同开发与选择主题；另一种通过一个教师围绕某一主题，让学生借助各种探究手段和活动及与主题相关的各类资源，对知识、资源与活动进行整合。根据各学科的统整程度，可将跨学科主题教学分为"单学科—主题""多学科—主题""跨学科—主题"三种样态。根据实施主体数量的不同，跨学科主题教学可以分为一人承担的主题教学和多人合作的主题教学。在多学科知识、课程整合能力、跨学科教育理念、课堂教学有效性、知识的表现载体上，二者有着较大差别。

第二，跨学科主题教学面临多重困境。跨学科主题教学应把"上承课程建设、中接课堂教学、下启学生学习"作为关键点来促进新课程改革的深入推进。实施跨学科主题教学的目的就是寻找并挖掘教育教学困境和弥补课堂教学疑难性思维的不足。在实践中可以发现，跨学科主题教学面临观念、知识、资源、实施、效益这五大困境。

第三，跨学科主题教学所选切入点存在困难。跨学科主题教学就是将不同学科内容结合在一起，帮助学生更好地理解和运用所学知识。比如，可以进行数学与篮球、物理与篮球、历史与篮球、语言与篮球的跨学科教学等。但是，寻找数学、物理、历史、语言等方面融入篮球的切入点较难。比如，对于数学与篮球的跨学科教学，既可以利用篮球场的尺寸和规则，也可以进行多种数学运算和实践操作，还可以计算篮球场地面积和周长，测量篮球场地的长度和宽度，以及计算球员在比赛中的得分率等。再如，对于篮球术语，教师可以将其译为英语，在篮球教学中进行英语教学。但是寻找相关切入点有一定困难，教师要根据中小学生和幼儿所需要掌握的知识来进行整合。这确实有些难度，对教师的整体素质要求较高。

第四，学科课程固守传统的教学思维，跨学科融合的意识尚未确立。受分科课程教学模式的影响，长期以来，不同学科课程的教学方式、学科思维相对独立，并且教师习惯运用固定的学科教学方式组织实施教学活动，同时学生接触的教学方法、学习方式也比较单一，从而使得不同学科课程的知识内容、学科思维、课程资源不能形成有效的互融互通，跨学科融合的教学观念没有真正确立。

第五，只在不同学科知识之间进行简单叠加，没有对跨学科知识进行深度融合。例如，在一堂所谓的"跨学科融合"教学课中，课堂呈现出来的更多是不同学科知识的随意堆砌、简单拼凑，是"为跨而跨"的生搬硬套式的机械融合。

第六，跨学科融合不以解决问题为目的，导致习得的知识不能应用于实际问题的解决中。跨学科的知识习得与解决现实问题之间脱节，导致学生的创新素质和实践能力不能得到有效培养，因而知识学习为个人成长和社会发展服务的功能也就难以真正发挥。

第七，学科教学的孤立性和知识学习的碎片化导致学科知识能力与解决问题能力不匹配。孤立的学科教学和碎片化的知识学习是当前学科教学中存在的突出问题，使得学生难以通过知识学习形成与解决实际问题需要相匹配的综合的、完整的、开放的问题解决能力。例如，要想理解钻木取火，就需要融合多学科知识。从生物属性来看，什么样的木质看起来更容易被点燃，需要学生具备相关的生物学科的知识；

涉及温度、燃点、反应等知识，需要学生具备相关的化学学科的知识；怎样钻木效率更高，需要学生具备相关的物理学科的知识。此外，整个过程还离不开运算等数学学科能力。

总之，教师应对跨学科融合教学进行探索，积极推进跨学科融合教学的实践，逐步解决跨学科融合的问题，提高学生综合运用多学科知识观察问题、分析问题和解决问题的能力。

第三节　英语学科融入篮球教学的优势

篮球教学的教育功能有其特殊性，在体育教学中占有举足轻重的地位。国民体育的重要组成部分是学校体育，这是社会体育、竞技体育和终身体育的基础。篮球教学的具体育人作用体现在其目的是培养人的主体性、创新能力和实践能力，这也是现代教育的核心。篮球教学具有育人功能，能够培养学生的交流和沟通能力、责任感、克服困难的能力、团结协作的精神及适应能力等。所有学科都有育人功能，如何将学科融入篮球教学当中去？这是值得深究的问题。下面，以篮球双语教学为例，阐述英语学科融入篮球教学的优势。

在篮球教学中融入英语学科具有得天独厚的条件，如可以在篮球教学过程中进行英语听、说、读、写的输入，同时，授课时边讲解边示范可使学生对体育课程的兴趣大大增加，从而可以提高学生的学习效果，使学生更容易理解、记忆所学的动作和语言，再加上篮球实践课的教学环境接近自然，这就给英语学习创造了情境条件，让学生能在真实情境中进行英语练习。而这些都是室内课所不具备的，无疑能在很大程度上提升学生对体育课的参与热情。

各个体育项目都有自身的项目属性及知识体系，在篮球教学与训练实施过程中，双语教学要以传授篮球运动技能和篮球知识为主，而不是以学习英语为主，要注意教学的着重点。有人认为，双语教学是外语教学的一个分支，双语教学的目标与外语教学的目标相同，不同的地方在于具体目标上。笔者认为，这样的认识不全面。英语教学与双语教学不同，双语教学是用英语来进行学科上的教学，是教学的一种方式方法，基本目标是立足学科本身的目标，同时促进英语知识的学习。因此，篮球的双语教学要先实现篮球运动能力的目标，同时提高学生的英语能力。

研究表明，两种语言符号系统之间频繁而快速转换，能使学生思维的敏捷性、理解力和判断力得到良好发展，因此双语教学的另一个目标就是培养学生的思维能力，从而培养全面发展的复合型人才。总之，篮球课运用双语教学的基本目标就是使学生掌握篮球运动的基本知识、技术技能，同时能够运用英语来学习和思考问题，并初步学会用英语收集与篮球运动内容相关的信息。分析前人双语篮球教学实验发现，学生对于篮球课堂中实施双语教学十分喜欢，课堂教学氛围浓厚。

根据目前我国小学生的特点和英语水平及词汇量，小学体育双语教学应该采用保持型双语教学，即学生刚进入学校使用母语，然后逐渐使用第二语言进行部分学科的教学。

在实施篮球双语教学与训练过程中，教师应始终坚持将英语教学的优势和篮球课程的特点相结合的思想，促进英语与篮球课的学科融合，即利用篮球课的环境来实现英语练习，促进学生在篮球课堂上用英语进行交流。同时，在篮球课堂上实施双语教学，应发挥出两门科目的优势。教师应在学生学习篮球技术动作和练习英语过程中采用多种教学方法、教学手段和教学形式，使英语与篮球课程形成广泛联系并有机结合起来。这种新的教学方法和教学模式既能够让学生在学习篮球技能和知识的同时，学习相关英语知识，提高英语交流能力，又能够让学生在新的学习环境中提高对篮球技术的学习兴趣，保证篮球课堂的学习质量。

在篮球教学过程中实施双语教学，教师的英语讲解应该从简单到复杂、从易到难，层层递进，让学生能够更加容易地理解词汇的意思。所以，在篮球教学中实施双语教学过程的初期，教师应该降低与篮球相关的词汇难度，尽量多用一些简单的、容易的、学生能够理解的词汇来进行篮球课的双语教学，从而加强学生对学习篮球基本技术动作和相关英语词汇的学习兴趣。当学生对教师所教授的英语词汇能够完全理解和熟练运用时，教师就可以慢慢提升相关专业英语的难度，并加大词汇量，逐渐加大相关英语的学习强度，逐渐用完整的英语句子来进行篮球课堂的双语教学。常用的双语体育教学用语如下：①按教师说的做。"Do what the teacher says." 或 "Do what the teacher shows." 或 "Do what the teacher does." ②按教师做的说。"Say what the teacher does." 或 "Say what the teacher shows." ③通过体育活动学英语。"Learning English through sports activities." ④提问和回答问题。"Ask and answer questions."

在篮球教学中实施双语教学，教师通过双语进行技术动作讲解的同时，应示范篮球的技术动作，学生观察教师的示范动作，同时听到教师双语的讲解，并且不断重复相关专业英语词汇。教师的动作很直观地反射到学生大脑中，加上教师讲解的英语词汇，二者相结合，让学生在练习篮球技术动作的同时，能领悟教师所讲解的相关英语词汇的含义，加强对相关英语词汇的理解与记忆。在篮球的双语教学过程中，当学生练习的篮球技术动作和教师用英语讲解的内容相对应时，学生能在眼、口、身体动作、意识之间建立起十分密切的神经联系，并将相关的篮球技术动作与英语词汇深刻记忆在脑海中。

运动技能的形成分为四个阶段，即泛化、分化、巩固、自动化。学生在学习技术动作时，都是循序渐进的，从学习简单的技术动作到学习复杂的技术动作，这与篮球课程中实施双语教学所遵循的循序渐进的规律一样。在实施双语教学的篮球课堂中，学生练习篮球技术动作时，必须反复多次地练习，才能够熟练掌握技术动作。教师让学生听双语讲解、用英语重复教师所讲的内容、反复练习篮球技术动作的目的是让学生在掌握篮球技术动作时提高相关篮球专业知识的英语听说能力。

英语学习在很大程度上是一种技能的学习，技能水平高低与技能的熟练程度密不可分，要想达到熟练的程度，就得有充分的练习时间和良好的练习环境。实施双语教学，不仅要培养学生的听、说、读、写能力，还要培养学生用英语进行思维的能力。练习时间的长短与练习环境的优劣都直接影响学生运用英语的熟练程度，而体育的广泛性为学生提供了时间和环境方面的保证，它既增加了学生在学校使用英语的时间，也让学生充分体验到英语不仅仅是一门学科，还是一种非常有用的工具。双语体育课程本质上是跨学科课程，跨学科课程的良好实施有利于学生掌握多门学科知识和技能，促进学生核心素养的发展。

第四节　花样篮球新解

花样篮球是什么？花样意指供仿制的式样，泛指事物的式样或种类。篮球运动是以投篮、上篮和扣篮为中心的对抗性体育运动，是很多人热爱的运动，充满活力，不仅能提高参与者的身体素质、锻炼意志，还能培养参与者的团队精神，增强其使命感和荣誉意识。花样篮球源于美国纽约市哈林区洛克公园。杂耍般的运球、充满想象力的传球和扣篮，与强劲的 Hip-Hop 音乐相融合，使花式篮球成为一种颇具观赏性和娱乐性的篮球表演。作为一种时尚运动，它讲求风格、自由和创意，挑战篮球极限，展示自我，反映了对篮球技术和表演的无限追求，诠释着开放、自由、创造性等。

花样篮球运动具有显著的锻炼价值。花样篮球是以基本技术动作为主要内容，以游戏活动为形式，以增强体能为主要目的的一种趣味游戏活动。在篮球游戏中进行篮球基本动作技能训练，既能让人掌握篮球技能，又能使人的身体得到锻炼，提高身体机能，调节身体各器官的生理功能，提高神经系统的工作能力，促进身体健康，调动活动的积极性，促进健康心理的形成与发展，培养人的注意力、想象力、创造力、思维能力及对空间和时间的感知判断能力，还能培养勇敢、机智、团结互助等优良品质，以及活泼、开朗的性格，促进人体速度、耐力、灵敏、协调性等素质的提升。

花样篮球注重运动的游戏性，刻意弱化运动的对抗性，对活动场地要求不高，不需要单独建设活动场地，对于广大中小学校和幼儿园比较适合，尤其适用于农村学校。由于条件限制，农村学校缺少体育器材等，如果能够将篮球玩活，就可以弥补体育器材的不足。

花样篮球的玩法可以在运动形式上有所创新，如结合韵律器械操，将原地拍球、曲线运球、传球、交替拍球等动作一气呵成，配以动感十足、节奏鲜明的音乐，创编有特色的花样篮球课间操。此类课间操形式具有新颖、简单易学、律动感强等特点，可以得到中小学生和幼儿的喜爱。通过篮球操活动，可以充分展示学生的表现力，陶冶学生的审美情趣。

花样篮球的练习需要学生不断创新自己的动作，从而发挥学生的主观能动性，使学习更具有趣味性。花样篮球的教学组织形式可以将"以学生为中心"这一理念落实到教学实处，有助于师生平等教学关系的打造，真正实现师生间的教学相长。花样篮球教学比较注重学生的个性化培养，追求原创，对学生的组织能力和自我管理能力有较高要求。比如，在进行指尖训练时，教师要注意观察学生的平衡能力，这样可以综合考核学生的运动能力。通过细化的考核，学生更容易实现一个个小目标，从而获得积极探索的乐趣。

花样篮球是一种寓教于学的表现方式，教师应在充分考虑学情的基础上，有效地创新教学。比如，可以借助花样篮球改革体育教学方式，充分发挥学生的主观能动性，培养学生的创新能力，实现花样篮球教学的可持续发展。

下面以在幼儿园开展花样篮球教学为例，阐述如何理解花样篮球。

玩球能让幼儿强身健体，对幼儿来说，单一的玩球不具有持久的吸引力。为了让花样篮球在幼儿园能够开展得更好，可以从以下几方面进行设计：第一，分析教师和幼儿。在准备开展花样篮球教学前，要对教师和幼儿进行全面分析，针对不同教师设计不同的教学项目；要对幼儿的年龄特点和身心发展进行全面分析，并结合篮球运动技术的理论知识，为幼儿设计科学合理的篮球运动游戏。第二，创造性地设计花样，助力幼儿形成优良品质。多种多样的篮球活动能够吸引幼儿的注意力。比如，双手轻扶把球固定在头顶，可跑、走、跳，球先掉下者为输；夹球跳，把球夹在双脚之间向前轻跳，比一比看谁或哪一队先到达目的地；赶球走，手拿硬纸棒，按规定路线向前赶球，谁先到达目的地谁获胜。第三，注重科学引导，让幼儿爱上篮球运动。不仅要循序渐进地对幼儿输入正确的篮球理念与知识，还要结合幼儿的认知特点，让花样篮球更富有情趣，从而打动幼儿的心灵，让幼儿在篮球活动的参与中不断感知、认识篮球。教师要注意收集与篮球相关的资料，或者为幼儿播放篮球赛等，通过生动、形象的信息传递，给幼儿留下深刻印象，从而达到科学施教、因材施教，使幼儿真正爱上篮球运动，爱上体育。第四，渗透多环节，激发幼儿对篮球的兴趣。将花样篮球与游戏灵活地结合在一起，如跳跃游戏、投掷游戏、走跑游戏、追逐躲闪游戏、以大带小活动等，可以抓住一日生活中的环节，在其中渗透花样篮球活动，使幼儿每天可以与篮球做亲密接触。比如早操环节，可以让幼儿将篮球作为器械开展篮球操活动；也可以鼓励幼儿想一些篮球新玩法，让幼儿成为小小的探究者，从而提高幼儿的创造力、想象力。第五，推陈出新，践行小篮球游戏活动新样态。在活动样态上进行实践尝试，将小篮球渗透幼儿日常生活中，使小篮球运动生活化。例如，每日玩球一小时，在每班教室门口增设取放自由的小篮球架，在区角设立一些活动，如"我的篮球秀"表演区活动、"我的篮球日志"美工区活动等，让幼儿以绘画、数字、符号等方式记录每日玩球的点滴。在教学活动方面，可以选择与专业篮球团队合作，邀请教练员对全园教师进行篮球技术动作和技能的规范培训和幼儿小篮球送教活动。在家长活动方面，既可以邀请家长进幼儿园进行现场观摩及配合，也可以通过线上社交平台，邀请家长以每日打卡的方式参加线上亲子体育趣味赛，引导家长巧妙利用家庭条件开展小篮球活动，并建议家长实施后及时反馈，教师再根据实际情况进行指导和调整。

总之，人们对花样篮球的理解"仁者见仁，智者见智"。只要教师把花样理顺，把玩法厘清，就能寓教于乐，寓教于玩。只有教师用心去教，才能真正理解花样篮球的新意，才能创造性地开展花样篮球活动，才能让学生产生亲切感、认同感，从而强身健体，充满活力。

第五节　跨学科整合篮球教学的意义

《义务教育体育与健康课程标准（2022年版）》中明确指出，体育与健康课程应融合多门课程，充分发挥育人功能，促进学生全面发展。从这个标准可以看出，跨学科整合课程是一件非常有意义的事。例如，在小学体育与健康课程中结合本课程的目标体系，设置有助于实现体育与德育、智育、美育、劳动教育和国防教育相结合的多学科交叉融合的教学内容，在智育方面可以与英语进行融合，使学生在无形当中对语言进行感知，从而融入语言生态圈，在全面育人方面可以起到"1+1>2"的效果。接下来介绍一个跨学科整合篮球教学的实例。为了让学生能够熟悉方位单词 front、backward、left、right，可以通过双语篮球游戏课的形式来进行训练，让学生在锻炼身体的同时，学习方位单词在体育项目中的应用，可谓在真实情境中的体验教学。对此，教师可以先准备好道具，如障碍物、白板、白板笔、白板擦，准备好场地，如篮球场等。设定好游戏步骤，第一步为游戏规则讲解示范，第二步为游戏尝试，第三步为游戏进阶，第四步为游戏二度进阶（介入反义选择，进一步强化巩固语言和动作的神经连接）。针对具体游戏内容，游戏引导者可以这样做：用口头语言和肢体语言介绍方向"左"和"右"的英语单词（left、right），确认游戏参与者初步建立语言和方向的神经连接，引导参与者做出符合指令的快速反应，然后引导者用肢体行为针对参与者的动作给出明确反馈。在初级阶段游戏介绍可以这样做：参与者根据引导者给出的信息，迅速做出与指令一致的反应。初级阶段游戏进阶可以分段来处理：①初级阶段游戏进阶。在参与者左右两侧设置距离测试者 3～5 米的明显障碍标识，参与者根据引导者指令做出与指令一致的行为，并迅速触摸同侧障碍物，然后迅速返回起点。②初级阶段篮球专项进阶。参与者起始状态为单手原地运球状态，参与者根据引导者指令，选择正确的移动方向，并迅速运球绕过同侧障碍物，然后迅速返回起点。③游戏进阶（中等难度）。信息接收的反义回馈。④游戏进阶。在参与者左右两侧设置距离测试者 3～5 米的明显障碍标识，参与者根据引导者指令，做出与指令相反的行为，并迅速触摸目标障碍物，然后迅速返回起点。⑤篮球专项进阶。参与者起始状态为单手原地运球状态，根据引导者指令，选择相反的移动方向，并迅速运球绕过目标障碍物，然后返回起点。⑥中英语言的信息交互同频。引导者发出中文指令，参与者进行英文翻译的同时，做出一致的行为反馈；引导者发出英文指令，参与者进行中文翻译的同时，做出一致的行为反馈。

具体操作可以在游戏场地外设置白板，用于核心英语单词的拼写展示，作为游戏效果的读写能力补充。将游戏目标设置如下：①肌体。神经反应速度、快速移动、折返跑，运动强度（移动速度）、运动密度（引导者发出指令的频率）、运动量（距离）。②语言。通过游戏在学生脑海里建立对于左、右的中英语言的信息交互同频。设定训练效果目标，如通过游戏使参与者在大脑中形成与左、右的中英语言一致的方位行为概念。通过反复练习，参与者的快速启动、徒手移动、运球跑、快速折返等能力得到有效刺激。同时，强化大脑对左、右的中英文信息同频反馈和逆向反馈的方位信息处理能力，再给予指导教育提示（tip），对于英语基础较好的学生，可增加相关英语口令，如 go（出发）、run（跑）、touch the cone（触摸障碍物）、high/low dribble（高低运球）、spin（转体），对于篮球运动能力较弱的学生，可采用抱球跑、抱多球跑等方式降低难度，提高学生的参与兴趣和成就感。

从以上英语跨学科整合实例可以发现，跨学科整合可以将多门学科联系在一起，并以结构合理、充满趣味性的方式进行整合，让学生学得轻松。在实际中，跨学科主题学习要巧妙设计、灵活运用，可以结合学科特色、学校特点、学生需求等情况选择或者拓展跨学科主题学习内容，真正做到引导学生运用多学科的知识和方法解决问题，达到全面育人的目标。

为了更好地说明跨学科整合篮球教学的意义，这里再列举一个篮球跨学科主题教案来说明。此教案的目的在于通过跨学科的方式，让学生全面了解篮球及其文化，同时提高学生的综合能力。具体内容如下：

课程目标：该课程适用于初中二年级学生，主要涉及篮球、英语和艺术三门学科的内容，目的是通过跨学科的方式，让学生全面了解篮球，同时提高学生的综合能力。

教学目标：

（1）知识目标。学生能够了解篮球的基本规则和技术要求，掌握相关篮球术语和表达方式。

（2）能力目标。通过参与篮球比赛和绘制篮球场地图，提高学生的动手操作能力和空间想象能力。

（3）情感目标。培养学生的团队合作精神和体育文化意识，增强学生的自信心，提升学生的自我管理能力。

（4）跨学科目标。通过英语课程和艺术课程的引入，加深学生对篮球及其文化的认知和理解。

教学内容：

（1）篮球规则和技术动作要求的讲解。在体育课上，教师向学生介绍篮球的基本规则和技术动作要领，如进攻和防守策略、传球和投篮技巧动作等。

（2）篮球术语和表达方式的学习。在英语课上，教师引导学生学习与篮球相关的英语术语和表达方式，如 shoot、dribble、pass 等。

（3）篮球比赛的组织与实施。在体育课上，教师组织学生进行篮球比赛，让学生在比赛中体验篮球文化和团队合作精神。

（4）绘制篮球场地图。在艺术课上，教师引导学生通过手工绘制篮球场地图，提高学生的空间想象力和动手操作能力。

教学方法：

（1）讲解法。介绍篮球规则和技术动作要求。

（2）演示法。展示篮球技巧和比赛过程。

（3）实验法。让学生亲自参与篮球比赛，体验篮球文化。

（4）合作学习法。通过小组合作，提高学生的团队合作精神和自我管理能力。

教学评价：

（1）学生的成绩表现。

（2）学生的课堂表现及参与度。

（3）学生的课后作业完成情况。

（4）学生的自我评价及反思。

从以上教案可以发现，跨学科整合可以对知识进行建构，让学生在面临新的问题时能够灵活运用自己的知识体系来解决问题。这符合新课标的要求，即通过改革实现学生综合能力的提升。

第二章　相关理论

第一节　教学理论

一、赞科夫的教学理论

1957 年后，赞科夫（Zankov）在小学进行了"教学与发展"的试验，致力探求新的途径，以尽可能好的教学效果来促进学生的一般发展。这里所说的"一般发展"不等同于智力的发展，而是包括了身体发展和心理发展。其中心理发展主要通过观察力、思维力、实际操作能力的发展三个方面来实现。教学应推动发展前进，只有当教学走在发展前面的时候，才是好的教学。此理论遵循维果茨基（Vygotsky）的最近发展区理论，把学生在教学过程中的发展分为两个水平，即现有发展水平、最近发展区。教学应为学生创造最近发展区，使学生的最近发展区转化为现有发展水平。教学结构是学生一般发展的一定过程发生的原因，教学的结构是因，学生的发展是果。这种因果联系很重要，因为它能决定学生的发展进程。此理论提出五条教学原则，即高难度进行教学、高速度进行教学、理论知识起主导作用、理解学习过程、全体学生得到一般发展。

二、哲学取向的教学理论

哲学取向的教学理论源于苏格拉底（Socrates）和柏拉图（Platon）"知识即道德"的传统，代表人物有苏联的达尼洛夫（Danilov）、斯卡特金（Skatkin）和中国的王策三。该理论认为，教学的目的是形成人的道德，而道德又是通过知识积累自然形成的。为了实现道德目的，知识就成为教学的一切，并依次演绎出一种偏于知识授受的逻辑起点、从目的和手段进行展开的教育理论体系。此取向的理论主张知识—道德本位的目的观、知识接受的教学过程、科目本位的教学内容。

三、行为主义教学理论

行为主义教学理论以华生（Watson）为代表。华生在《行为主义者心目中的心理学》中指出，心理学是自然科学的一个纯客观的实验分支，其理论目标在于预见和控制行为，因此把"刺激—反应"作为行为的基本单位，认为学习即"刺激—反应"之间联结的加强，教学的艺术在于如何安排强化。程序教学、计算机辅助教学、自我教学单元、个别学习法和视听教学等都是由此理论而派生的。其中，斯金纳（Skinner）的程序教学理论影响最大，其对预期行为结果的教学目标、相倚组织的教学过程、程序教学的方法有自己的见解。学习即反应概率的变化这一理论是对所观察到的事实的解释，教学的目的就是提供特定的刺激，以便引起学生的特定反应。学生的行为受行为结果的影响，若要学生做出合乎需要的行为反应，必须形成某种相依关系，即在行为背后有一种强化性的后果，倘若一种行为得不到强化，就会消失。此理论是对机体与其环境相互作用的一种适当陈述，必须始终具体说明三件事：反应发生的场合、反应本身、强化结果。

四、认知主义教学理论

认知心理学家认为个体作用于环境，而不是环境引起人的行为，环境只是提供潜在刺激，至于这些刺激是否受到注意或被加工，则取决于学习者内部的心理结构。其中影响较大的是布鲁纳（Bruner）的认知结构教学理论。布鲁纳阐明了结构主义教学论的实质：学习就是建立一种认知结构，就是掌握学科的基本结构及研究这一学科的基本态度和方法。此理论提出"三个任何"的观点，即任何学科的基本结构都可以用某种形式教给任何年龄的任何儿童。其教学思想主要表现在以下方面：第一，学习和掌握学科的基本结构。要提高教学内容的学术水平和抽象理论水平，让学生学习和掌握学科的基本结构，即"不论我们选教什么学科，务必使学生理解该学科的基本结构"。第二，组织螺旋式课程。打通中小学和大学同一学科的界限，组织循环往复达到较高水平的螺旋式课程，使学科内容围绕基本结构，在范围上逐渐拓宽，在难度上逐渐加深。第三，广泛使用发现法。要掌握学科的基本结构，就应想方设法使学生参与知识结构的学习过程，主张引导学生通过自己的主动发现来学习，要把学习知识和探索知识的过程统一起来，使学生通过体验所学概念原理的形成来促进学习。此理论的发现法教学有四个步骤，即设置问题情境、树立假设、上升到概念或原理、转化为活的能力。

第二节　学习理论

学习理论有巴甫洛夫（Pavlov）的经典性条件作用理论、华生的行为主义学习理论、桑代克（Thorndike）的联结主义学习理论、斯金纳的操作性条件作用理论、班杜拉（Bandura）的社会学习理论、早期的认知学习理论、布鲁纳的认知—结构学习理论、奥苏伯尔（Ausubel）认知同化学习理论、加涅（Gagné）的信息加工学习理论、建构主义学习理论、马斯洛（Maslow）的人本主义学习理论。

一、经典性条件作用理论

经典性条件作用理论由巴甫洛夫提出。巴甫洛夫对狗的唾液分泌进行实验，提出了经典的条件作用理论。此理论中的实验把食物呈现给狗，并测量其唾液分泌，在这个过程中，如果随同食物反复给狗一个中性刺激，如铃响，狗会逐渐"学会"在只有铃响而没有食物的情况下分泌唾液。一个原是中性的刺激与一个能引起某种反应的刺激相结合，从而使动物学会对那个中性刺激做出反应。食物是无条件刺激，唾液分泌是无条件反应，铃声是中性刺激。铃声和食物在时间上多次结合，原是中性刺激的铃声就变成了条件刺激，即条件作用形成后，能够引起生理或情绪反应的刺激。这样，唾液分泌和铃声之间就建立了一种新的联系。条件作用建立后，如果多次只给条件刺激而不用无条件刺激加以强化，结果是条件反应强度逐渐减弱，最后完全不出现。

二、行为主义学习理论

行为主义学习理论由华生提出。华生对 11 个月的婴儿进行诱发恐惧刺激实验，总结出学习就是以一种刺激替代另一种刺激建立条件作用的过程。学习的实质就是通过建立条件作用，形成刺激与反应之间联结的过程，从而形成习惯。习惯的形成遵循频因律和近因律。根据频因律，在其他条件相等的情况下，某种行为练习得越多，习惯形成得越迅速、越牢固；根据近因律，当反应频繁发生时，最新近的反应比较早的反应更容易得到强化。

三、联结主义学习理论

联结主义学习理论由桑代克提出。桑代克的联结主义学习理论把大多数行为看作对环境中刺激的反应。桑代克的联结主义学习理论通过猫开迷箱实验而得来。桑代克总结出学习的实质在于形成"刺激—反应"联结（无须观念作为媒介），学习的过程是一种盲目的、不断尝试错误的渐进过程，人和动物遵循同样的学习律。学习要遵循三条重要的学习律，即准备律、练习律、效果律。

四、操作性条件作用理论

操作性条件作用理论由斯金纳提出。斯金纳以严格控制的动物实验为基础，对操作行为及其形成过程、强化的原则、类型和程序进行了精细的研究。所有行为可以分为应答性行为和操作性行为两类。其中，应答性行为由已知的刺激引起，操作性行为由机体自身发出，最初是自发的行为。相应地，他把条件作用也分为应答性条件作用和操作性条件作用。其中，操作性条件作用与两个一般的原则相联系，即任何反应如果随之紧跟强化（奖励）刺激，这个反应就有重复出现的趋向，任何能提高操作反应率的刺激都是强化刺激。在他看来，几乎在人类的各种情境中，学习都可操作。

五、社会学习理论

社会学习理论由班杜拉提出。此理论认为儿童通过观察他们生活中重要人物的行为而习得社会行为，这些观察以心理表象或其他符号表征的形式储存在他们大脑中，以此来帮助他们模仿行为。此理论更加注意线索对行为、内在心理过程的作用，强调思想对行为和行为对思想的作用。社会认知理论包括三个观点，即交互决定观、学习与（操作）表现、参与性学习和替代性学习。此理论认为学习就是观察，观察学习要经历四个过程，即注意过程、保持过程、复制过程、动机过程。

六、早期的认知学习理论

早期的认知学习理论有格式塔学习理论和符号学习理论。格式塔学派以动物实验来说明他们对学习中产生变化的实质及其原因的理解。苛勒（Kohler）用黑猩猩做了一系列试验，证明了学习是一种顿悟。在格式塔心理学家看来，学习就是知觉的重新组织。人在认知活动中需要把感知到的信息组织成有机的整体，在头脑中构造和组织一种格式塔，对事物、情境的各个部分及其相互关系形成整体理解，而不是对各种经验要素进行简单的集合。托尔曼（Tolman）受格式塔学派的影响，经常用动物的动机、认识、预期、意向和目的来描述动物的行为，托尔曼的理论被称为目的行为主义、整体性行为主义、"符号—完形"说或预期说。托尔曼的符号学习论包括三个基本观点：第一，学习是有目的的行为，而不是盲目的。第二，学习是对"符号—完形"的认知。第三，在外部刺激和行为反应之间存在中间变量。此外，托尔曼还做了一个潜伏学习实验，实验结果表明：外在的强化并不是学习产生的必要因素，不强化也会出现学习。动物未获得强化前，学习已出现，只不过未表现出来，托尔曼把这种在无强化条件下进行的学习称为潜伏学习。潜伏学习的事实也证明学习并不是刺激与反应的直接联结，在未受奖励的学习期间，认知结构也发生了变化。

七、认知结构学习理论

认知结构学习理论由布鲁纳提出。布鲁纳提出的认知表征理论将"智慧生长"与"认知生长"作为同义语，把它们看作形成表征系统的过程，认为人类的智慧生长经历了三种表征系统阶段，即动作表征、映象表征、符号表征。如果人要超越直接的感觉材料，则不仅要把感觉输入归入某一类别并据此进行推理，还要根据其他相关类别进行推理，这些相关类别就构成了编码系统。学习与教学的基本原则有四个，即注重知识结构、发展学习的准备性、培养直觉思维、激发内在动机。对一门学科的学习包含三个几乎同时发生的过程，即新知识的获得、知识的转换、评价。学习学科的基本结构的必要性有四点，即促进理解、利于记忆、增强迁移、引导知识体系形成。此理论极力倡导发现学习。布鲁纳在《教学论》中指出，发现学习有以下四点作用：第一，提高智力的潜力。第二，使外部奖赏向内部动机转移。第三，学会将来进行发现的最优方法和策略。第四，帮助信息的保持和检索。

八、认知同化学习理论

认知同化学习理论由奥苏伯尔提出。在奥苏伯尔看来，如果学生的学习有价值的话，应该尽可能有意义。奥苏伯尔提出的有意义的学习的实质，就是符号所代表的新知识与学习者认知结构中已有的适当观念建立非任意的和实质性的联系。这一论断指出了划分机械学习与有意义学习的两条标准：第一条标准是新的符号或观念与学习者认知结构中的有关观念具有实质性联系；第二条标准是新旧知识的非任意联系，即新知识与认知结构中的有关观念存在某种合理的或逻辑上的联系。有意义学习的产生既受学习材料性质的影响，也受学习者自身因素的影响。有意义学习可以分为三种类型，即表征学习、概念学习、命题学习。此理论认为当学生把教学内容与认知结构联系起来时，有意义的学习就发生了。此理论还分析了认知结构的不同特征（固有观念、可辨别性、清晰稳定性）对知识理解及其保持的影响。奥苏伯尔的认知同化理论认为，有意义的学习是通过新信息与学生认知结构中已有的有关观念相互作用而发生的，这种相互作用引起了新旧知识有意义的同化。奥苏伯尔大力倡导接受学习（也称为讲授学习）。接受学习的特点有四个方面：第一，师生之间大量互动。第二，大量利用例证。第三，它是演绎的。第四，它是有序列的，材料的呈现有一定步骤。

九、信息加工学习理论

信息加工学习理论由加涅提出。加涅根据现代信息加工理论，对学习的实质、过程、条件及教学进行了系统论述。此理论认为学习是人可持久保持且不能归因于生长过程的性情倾向或能力倾向的变化。这种变化可以从学习前后行为表现的变化中推断出来。加涅根据现代信息加工理论，提出了学习过程的基本模式。这一模式认为，来自学习者的环境中的刺激作用于他的感受器，并通过感觉器进入神经系统。学习过程是一个从不知到知的活动过程，分成八个阶段，即动机阶段、领会阶段、习得阶段、保持阶段、回忆阶段、概括阶段、操作阶段、反馈阶段。根据学习的信息加工模型，学生的工作记忆容量有限，如果同时从事几种活动，则存在资源分配的问题。对此，分配应遵循"此多彼少，总量不变"的原则。如果某种材料含有多种信息的相互作用，其所需的资源总量超过学生所具有的资源总量，就会存在资源分配不足的问题，从而影响学习或问题解决的效率。

十、建构主义学习理论

建构主义有关学习的理论共识有知识观、学习观、教学观。在知识观上，建构主义在一定程度上质疑知识的客观性和确定性，强调知识的动态性。建构主义强调知识不是独立于人们而事先客观存在的，而是人们在社会实践中建立起来的暂定性的解释和假设。学习观认为学习者不是被动的信息吸收者，学习不是知识由外到内的转移和传递，而是学习者主动赋予信息以意义，建构自己的知识经验的过程，即通过新经验与原有知识经验的相互作用来充实、丰富和改造自己的知识经验。学习者的这种知识建构过程主要有三个重要特征，即主动建构性、社会互动性、情境性。在教学观上，由于知识的动态性和相对性及学习的建构过程，教学不再是传递客观而确定的现成知识，而是激发学生原有的相关知识经验，丰富学生的知识经验，促使学生进行知识建构活动，以促成知识经验的重新组织、转换和改造。当今的建构主义对学习和教学进行了新的解释，强调知识的动态性，学生经验世界的丰富性和差异性，学习的主动建构性、社会互动性和情境性。

十一、人本主义学习理论

人本主义学习理论由马斯洛提出。马斯洛被公认为人本主义心理学的代表人物之一，他以性善论、潜能论和动机论为理论基础，创建了理论化、系统化的自我实现心理学。人本主义心理学认为，人的成长源于个体自我实现的需要，自我实现的需要是人格形成、发展和成熟的驱动力。而自我的正常发展必须具备的基本条件是无条件地尊重和自尊。马斯洛批判传统的学习是一种外在学习。外在学习是单纯依赖强化和条件作用的学习，其着眼点在于灌输，而非理解，属于被动的、机械的学习模式。理想的学校应反对外在学习，倡导内在学习。内在学习是依靠学生内在驱动，充分开发潜能，达到自我实现的学习。人本主义学习理论下的学习模式是一种自觉的、主动的、创造性的学习模式。另一个人本主义心理学代表人物是罗杰斯（Rogers）。罗杰斯的教育理想就是要培养"躯体、心智、情感、精神、心力"融汇一体的人，也就是培养既用情感的方式，也用认知的方式行事的情知合一的人。罗杰斯把学生的学习分为认知学习和经验学习两种类型，学习方式有无意义学习和有意义学习两种。教师的任务既不是教学生学习知识，也不是教学生如何学习，而是为学生提供各种学习资源，提供一种促进学习的气氛，让学生自己决定如何学习。促进学生学习的关键不在于教师的教学技巧、专业知识、课程计划、视听辅导材料、演示和讲解、丰富的书籍等，而在于特定的心理气氛因素，这些因素存在于"促进者"与"学习者"的人际关系中。

第三节　游戏理论

游戏理论有经典的游戏理论，代表理论有剩余精力说等；有精神分析学派的游戏理论，代表理论有弗洛伊德的理论等；有认知发展学派的理论，代表理论有皮亚杰的理论等。

一、经典的游戏理论

经典的游戏理论有剩余精力说、松弛说、种族复演说、生活预备说。其中，剩余精力说的代表人物是席勒（Schiller）和斯宾塞（Spencer），松弛说的代表人物是拉扎鲁斯（Lazarus），种族复演说的代表人物是霍尔（Hall），生活预备说的代表人物是珍妮·古多尔（Jane Goodall）。刘焱、王琦在他们主编的书中对这些理论进行了梳理，这里笔者结合自己的理解，把具体观点概括如下：

剩余精力说的主要观点认为游戏是由于机体内剩余的精力需要发泄而产生的。生物保护自己生存的精力除维持正常生活外，还有剩余。对于过剩的精力，必须寻找方法消耗它，而游戏是对剩余精力加以释放的最好形式。剩余精力越多，游戏就越多。

松弛说的主要观点认为游戏不是发泄精力，而是松弛、恢复精力的一种方式。艰苦的脑力劳动使人身心疲劳，这种疲劳需要一定的休息和睡眠才能消除。只有当人解除紧张状态时，才可能得到充分的休息和睡眠。

种族复演说的主要观点认为游戏是远古时代人类祖先的生活特征在儿童身上的复演，不同年龄的儿童复演祖先不同形式的本能活动。人类的文化经验可以遗传，如儿童爬树、摇树是重复类人猿在树上的活动，玩打猎、捕鱼、搭房子则是重复原始人的活动等。

生活预备说的主要观点认为游戏行为是对未来生活的排演或演习，游戏行为使得动物从小就能熟悉未来生活中要掌握的各种技能，如追逐、躲藏、搏斗等，熟悉未来动物社会中将要形成的各种关系。这对于动物将来的生存适应非常重要。

二、精神分析学派的游戏理论

精神分析学派的游戏理论有弗洛伊德（Freud）的理论、佩勒（Peller）的理论、蒙尼格（Menninger）的理论、埃里克森（Erikson）的理论。

弗洛伊德有游戏的发泄、补偿说，认为游戏的动机是"唯乐原则"，游戏的时期是短暂的。游戏是敌意或报复冲动的宣泄，儿童就是为了追求快乐、宣泄不满而游戏。他以人格理论为起点，将人格分为本我、自我、超我三部分。儿童生活在社会中，就要受社会道德要求和行为标准的制约，使他远离动物界。本我与超我对儿童的要求是相互矛盾的，只有自我能成为二者之间的平衡机制，使儿童既能追求满足，又能避免痛苦，而游戏是部分与现实分离的。游戏使儿童从紧张状态和事实的约束中解脱出来，为儿童提供了一个发泄不可接受的、常常是冲动的情景的安全岛。因此，游戏并不总是和愉快的体验联系在一起，不愉快的体验也往往成为儿童游戏的主题。这是另一种唯乐原则的体现，使自己由现实被动的承受者转变为游戏中主动的执行者。儿童通过游戏自由地表现他们愿望的时期是短暂的，随着与自我发展相联系的理性思维过程的开始而结束，在弗洛伊德看来，批判性能力或理性因素的加强束缚了游戏的发展。随着自我的发展，那种愉快的但又不能被接受的本我愿望，其直接的象征表达方式不再可能了，自我则表现为诙谐和玩笑形式，或从事创造性的艺术活动，这种艺术活动是寻求表达相同的愿望并得到原先在游戏中得到的快乐。

佩勒的理论是角色扮演，是关于在游戏中儿童模仿什么人和什么事件，儿童具有较强的选择性，如果没有情感内驱力，也就没有模仿。通过观察发现，儿童扮演的角色一般有三类：第一类是儿童热爱、敬佩和敬重的人，尤其成人，以使他们快快长大成人、像成人一样的愿望得到满足。第二类是引起儿童恐惧或愤怒的人或事。第三类是不符合儿童身份、低于儿童身份的角色。角色扮演从发展的角度描述了儿童性别心理发展阶段中儿童游戏的结构变化。

蒙尼格的理论是宣泄说，突出了游戏对降低被抑制的过分冲动的价值。人的身上天生存在着一种本能的攻击性驱力，此驱力不断寻求表现，如果在哪里被否定，就会在哪里形成病症。因此，为了发泄这种攻击性的驱力，必须找到一条合法的、社会所允许的途径，而游戏正是这种发泄的合法途径。

埃里克森的掌握论认为，游戏是自我的一种机能，是一种身体的过程与社会性的过程同步的企图，游戏可以缓解焦虑，使愿望得到补偿性的满足。此理论着重研究了游戏的心理社会发展顺序，把游戏当作系列未被展开的心理社会关系加以探讨，并提出了三个阶段，即自我宇宙阶段、微观阶段、宏观阶段。游戏所采用的形式是随着心理社会问题和自我情景的变化而变化的。游戏的形式随年龄的增长和人格的发展而不同，游戏帮助儿童人格从一个阶段转向另一个阶段发展。

三、认知发展学派的理论

认知发展学派的创始人皮亚杰把游戏看作智力活动的一个方面，把游戏放在儿童智力发展的总背景中去考察，试图通过研究儿童的游戏和模仿，找到沟通感知活动与运算思维活动之间的桥梁。游戏是思维活动的一种表现形式。儿童的认知发展阶段决定了他们不同的游戏方式，皮亚杰将其分为练习性游戏、象征性游戏和有规则游戏，它们分别与认知发展的感知运动阶段、前运算阶段和具体运算阶段相对应。儿童早期认知结构发展不成熟，故借用同化和顺应两个概念来说明有机体的生命活动及其行为。游戏的发生要以动作能力和心理发展的一定水平为前提，把游戏的发生、发展分为 6 个阶段，即反射练习期（0～1 个月）、练习性游戏发生期（2～4 或 5 个月）、有目的的动作逐渐形成期（4 或 5～9 个月）、手段与目的分化并协调期（9～11 或 12 个月）、为了看到结果而行动期（11 或 12～18 个月）、象征性游戏形成期（18～24 个月）。当语言出现后，儿童需要通过练习性游戏来掌握的新东西相应减少，加之其他游戏形式的出现，练习性游戏逐渐减少，并朝着 3 个方向发展：第一个方向是由于表征的增加而变成象征性游戏；第二个方向是向社会化方向发展，趋向于规则游戏；第三个方向是向真正的适应发展，变成严肃的工作。

第四节　智力理论

智力是在某种社会或文化环境的价值标准下，个体用以解决自己遇到的难题或生产及创造出有效产品所需要的能力。智力的相关理论有斯皮尔曼（Spearman）的二因素论、卡特尔（Cattell）的智力理论、吉尔福特（Guilford）的三维智力结构理论、斯滕伯格（Sternberg）的三元智力理论、加德纳（Gardner）的多元智力理论等。

斯皮尔曼的二因素论把智力分为一般因素和特殊因素两部分。智力由一种单一的一般因素和系列的特殊因素组成。按照他的解释，人的普通能力来自先天遗传，主要表现在一般性生活活动上，从而显示个人能力的高低。智力的特殊因素代表的特殊能力只与少数生活活动有关，是个人在某方面表现的异于别人的能力。

卡特尔把智力分为流体智力和晶体智力。其中，流体智力主要与神经生理的结构和功能有关，很少受社会教育影响，它与个体通过遗传获得的学习和解决问题的能力相联系；晶体智力主要是后天获得的，受文化背景影响很大，与知识经验的积累有关，是流体智力运用在不同文化环境中的产物。

吉尔福特的三维智力结构理论把智力结构从操作、内容和产物三个维度划分为 150 种独特的智力因素。智力的操作过程为第一维度，即心理活动或过程，包括认知、记忆、发散思维、聚合思维和评价 5 个因素；智力加工的内容为第二维度，即心理加工的信息材料，包括视觉、听觉、符号、语义和行为 5 个因素；智力加工的产物为第三维度，即单元、类别、关系、系统、转换和蕴含 6 个因素。

斯滕伯格强调在问题解决中认知过程的重要性，强调智力包括 3 个部分——成分、经验和情境。其中，成分智力是指个人在问题情境中运用知识分析资料，通过思维、判断推理以达到问题解决的能力。经验智力是指个人运用已有经验解决新问题时整合不同观念所形成的创造能力。情境智力是指个人在日常生活中应用学得的知识经验解决生活实际问题的能力。

加德纳把人的智力分为 9 种，即言语—语言智力、逻辑—数理智力、视觉—空间智力、身体—运动智力、音乐—节奏智力、人际智力、内省智力、自然观察智力、存在智力。这 9 种智力代表了每个人的不同潜能，这些潜能只有在适当的情境中才能充分发挥出来。

综合以上所述教学理论、学习理论、游戏理论、智力理论，可以发现相关理论非常多，而在教学过程中，教师要根据实际情况选择合适的理论来指导实践。理论来源于实践，又高于实践，理论是在实践中形成的。而把理论运用于实践，需要一定的技巧和方法，只有不断学习和创新，才能将理论有效地运用于实践。在花样篮球教学过程中，由于要突出花样、趣味性等，因此教师熟练掌握相关的教学理论、学习理论、游戏理论、智力理论非常有必要，可以让教师有的放矢地将课程教好。

第三章　实践研究
——花样篮球游戏教学 30 例

儿童青少年阶段是身体生长发育的重要时期，正确的锻炼方法有利于促进身心健康发展。同时，儿童青少年对语言的习得也很敏感，如果语言习得能够与有趣的活动联系起来，无疑将对激发儿童青少年的兴趣起到重要作用。

笔者经过多方调研及考证，最后选择将篮球与游戏结合起来进行教学，寓教于乐，寓学于乐，让学习者在游戏中习得篮球技法。游戏可以让人心情变好、缓解焦虑，让人学会应对挫折、恐惧和愤怒等。篮球能够促进身体发育，打篮球为有氧运动，能使全身骨骼、关节得到锻炼，提高身体免疫力；打篮球为剧烈运动，能引起人体大量出汗，加速新陈代谢，提升身体机能；打篮球不仅可以促进脑部思考能力和判断能力的提升，而且可以提高眼睛和耳朵敏感度。通过篮球与游戏相结合的方式，学习者可以在枯燥篮球技法的学习过程中体会游戏的快乐，在快乐游戏的过程中学会篮球技法。

课题组在相关理论的指导下，通过篮球与游戏相融合，同时融入英语口语，让学生在轻松愉快的花样篮球运动中习得语言学习的相关知识点，如单词、词组，运动的同时，调动学生的多种感官，实现"玩中学，学中玩"及寓教于乐的目标。笔者在教学中设计了双语花样篮球跳房子游戏，深受小学生喜爱。学生在玩游戏的同时，既提升了体能耐力，又习得了英语，充分验证了"玩中学，学中玩"的理念。为了能够更好地验证笔者所提出的观点，本章对相关游戏案例进行总结，供读者进行参照训练。本章中的 30 个案例、素材由本科生李东泽、高郁雯、黎致俪、陈琪、沈家尧、种泓宇、陈杰坤、薛昀姗、曲艺瑄、方萌、张凯茹 11 人搜索相关资料进行讨论整理。为了更好地在课堂教学中展现花样篮球游戏内容，本书末尾附小学课后服务——花样篮球训练教练表（具体见附录 1）。同时，项目组对小学篮球专项课实施双语教学的理论与实践进行了总结（具体见附录 2，此内容由王杨、毛武陵老师共同在实践中摸索得来）。此外，项目组还对小学双语体能游戏跳房子实践进行了总结（具体见附录 3，此内容由王杨在海口市秀峰实验学校进行小学双语体育教学实践总结而来）。

游戏一：接二连三

游戏目的：

（1）锻炼学生的手臂力量，增强他们的团队协作意识及抢篮板球的意识。

（2）锻炼学生的肢体协调性，增强他们手掌、手臂肌肉力量，通过运动提高他们的体质。

（3）锻炼学生的快速运球能力、控球能力、护球能力、篮板球精确度能力等各种反应能力，以提高他们的运动协调性，增进运球、控球、护球的熟练度。

材料准备：

篮球架若干个，篮球若干颗，哨子 1 个，秒表 1 只。

游戏玩法：

玩法一：适用于学前儿童。让学前儿童组成环形队列，拉开较远距离。教师给站在篮板下的一名学前儿童发篮球，告诉学前儿童准备玩游戏，且介绍游戏规则。教师让第一名儿童投球，同时喊出"1、2、3，上篮"的口令，并要求学前儿童按照标准动作上篮投球。教师也可以播放一些富有节奏的音乐，让学前儿童听着音乐进行上篮投球。每名学前儿童按照环形队列进行跑动，保证一直有儿童进行投篮。达到运动量之后，教师喊停。节奏可以适中，奔跑速度不需要过快。

玩法二：适用于小学生。首先，让学生排成一列，每人手持一颗篮球。然后，教师确定起点、终点，让每名学生最少经过两次篮板。最后，教师在队伍面前运球领路，学生在后面运球跟随，在经过篮板时依次投篮。

玩法三：适用于中学生。对参与游戏的学生进行分组，每组 3 人，其中 1 人持球，在出发点迅速运球前往篮板处进行投篮，另外 2 人为争抢者，在持球者出发 5 秒钟之后，需要迅速奔跑向前进行抢球。若争抢者成功抢球，加 1 分；若争抢者抢走持球者的球，并投篮进篮板，额外加 1 分，共加 2 分。持球者不加分。若持球者没有被争抢者抢走球并成功投篮，持球者加 2 分；持球者成功运球至篮板下，但没有投篮成功，加 1 分。

游戏注意事项：

（1）学前儿童在玩此项游戏时要注意先做好热身运动，防止受伤；同时教师要注意控制好全场节奏，注意运丢球时学前儿童的动向，保证队列的节奏性及连贯性，防止踩踏等问题的出现；有能力的学前儿童可以不等篮球落地，接住篮球并迅速把篮球投向篮板。

（2）小学生在玩此项游戏时，教师要注意让队伍的速度保持匀速，不要突然加快速度，导致踩踏等问题出现。

（3）中学生在玩此项游戏时要注意在游戏前进行膝关节、腕关节的运动；在运球竞速前可以进行高抬腿和后蹬跑的训练；教师可引导篮球水平相近的学生互为争抢者与投篮者。

游戏建议：

此项游戏可以训练学前儿童、小学生、中学生用左手或右手进行投篮。在教学过程中可以与英语学科进行融合。在篮球教学时进行游戏，教师可以说一些单词、短语、句子等，让学前儿童、小学生、中学生在感兴趣的游戏活动中学习英语，慢慢激发学生学习英语的兴趣，实现双语融合教学。在游戏中可以说一些与篮球术语有关的英语单词，如对于学前儿童可以融入单词 pass（传）、throw（扔）、pull（拉）、hold（抓）、fall（落）、run（跑）、start（开始）、stop（停止）、student（学生）等，对于小学生可以融入单词 wait（等待）、fast（迅速）、run（跑）、speed（速度）、rule（规则）、follow（跟随）等，对于中学生可以融入单词 quickly（迅速）、shooter（投篮者）、inturder（抢夺者）、wrist（手腕）、arm（手臂）、second（秒）、training（训练）、knee（膝盖）等。在游戏教学中也可以融入一些英语短语，如 pass me the ball（把球传给我）、stop right now（立刻停止）、keep bouncing the ball（不停拍球）、go and scramble the ball（去把球抢过来）等。还可以在游戏教学中融入英语句子，如 "Stay where you are and bounce the ball."（原地拍球），"Hurry up and scramble the ball."（快点把球抢过来）。并且可以融入与篮球比赛有关的一些英语解说句子，即 basketball sentences（篮球句子），如 "The lakers reeled off a 15-2 string to take a 17-6 lead seven minutes into the game, but Houston came back to narrow the gap to 21-16 by the end of the opening period."（湖人队在比赛进行到 7 分钟时，打出一波 15 比 2 的攻势，取得 17 比 6 的领先优势，但是被休斯敦火箭队追上，到比赛第一节结束时已把比分拉近到 21 比 16。）通过融入与篮球有关的句子，慢慢让学生在看国际赛事的时候能够听懂，从而使其在实际情境下理解篮球句子的意思。

游戏二：击地传球

游戏目的：

（1）锻炼学生的肌肉力量和身体协调性，使他们的肌肉更具有张力，身体运动更灵活。

（2）通过与同伴互动来训练学生与同伴的默契度，进一步理解合作的意义。

（3）锻炼学生击地传球与胸前传球的能力，让他们进一步练习长传球和抢篮板球。

（4）培养学生的运球能力，进而提高其控球的能力。

材料准备：

小篮球若干颗，大篮球若干颗，哨子 1 个，秒表 1 只，矿泉水 1 箱。

游戏玩法：

玩法一：适用于学前儿童。教师将学前儿童分成若干组，5 人一组，每组相隔 1 米左右，每组第一名学前儿童手持篮球，用击地传球的方式将球传给下一名学前儿童。

玩法二：适用于小学生。让学生 5 人一组排成队列，每组第一名学生手持篮球，用击地传球的方式将球传给下一名间隔 2 米的同学，第二名学生重复第一名学生的动作。第三名学生需要用胸前传球的方式把球传给间隔 2 米的第四名同学，第四名学生用击地传球的方式将球传给相隔 2 米的第五名同学。再由队尾传至队首，可以换学生进行胸前传球。游戏活动进行几轮后，教师吹哨叫停，用时少的组获胜并给予奖励，用时多的组为输并给予惩罚。

玩法三：适用于中学生。让学生以 5 人一组，分别站在中线和边线交点处，学生听到信号后，两组分别从后往前向第一个人依次传球，经每个人手到最后一个人投球，投完后冲抢篮板球，如未投中，则在抢到篮板球的地方继续投，直到投中为止，再快速回传经每个人手，最后一人投篮，同组换位置，可采用五局三胜的形式。

游戏注意事项：

（1）双手持球的预备站位要正确；注意面向要传球的队友，抬头、屈膝，手指张开，将球持在胸前，两肘微向外，伸臂向外推球时，向前跨出一步，球出手时，手指向上、向前推。

（2）双手击地传球要注意只在球传出时手指向下用力，使球碰地板反弹后，到达接球队友的腰部位置。

（3）玩此项游戏做好热身运动的同时，教师可以给不同年龄阶段的学生设置不同的传球距离；每组可以更换胸前传球的学生，做到每个传球动作都能得到练习。

（4）做此项游戏前要注意手腕和踝关节的运动；在运球接力竞速前可以进行传球训练，保持接球的默契度；教师要激励落后的一组，可以打乱分组，重新进行比赛。

游戏建议：

此项游戏可以进行双语融合教学，如对于学前儿童可以融入 passing（传球）、bouncing（拍球）、spacing（间隔）、rhythm（节奏）、row（横排）、distance（距离）、palm（手掌）、arm（手臂）、basketball（篮球）等单词，对于小学生可以融入 stop（停止）、timekeeping（计时）、punishment（惩罚）、practice（练习）等单词，对于中学生可以融入 speed award（奖励）、competition（比赛）、referee（裁判）等单词。此外，也可以在游戏教学中融入英语短语，如 pass me the ball（把球传给我）、hold on（抓住）、line up（排队）、chest pass（胸前传球）、ground pass（击地传球）、form a team（组队）、fall behind（落后）、keep fit（保持健康）、keep safe（注意安全）等。还可以在游戏教学中融入英语句子，如 "Everybody, hurry up and form a line."（大家快点排好队），"Hurry up and scramble the ball."（快点把球抢过来）。并且可以融入篮球句子，如 "Kenyon Martin is developing a reputation as a dirty player, and his latest trasgression—a flagrant foul against Tracy McGrady—might lead to his second suspension in less than three weeks."（肯扬·马丁打球的名声越来越坏，其最近的违规行为——对特雷西·麦克格雷迪的恶性犯规——可能导致他在不到三星期之内再度被罚停赛。）

游戏三：篮球争夺战

游戏目的：

（1）锻炼学生的手腕部肌肉力量，让他们的手腕活动更灵活，促进他们身体协调性的发展。

（2）使学生在游戏过程中学会交流合作，增强学生的团队合作意识。

（3）训练学生基础的运球基本功和传球技术，进而提升他们的反应能力。

（4）培养学生对运动重要性的认识，让他们逐步喜欢上运动。

（5）提高学生的运动协调能力，促进他们身体协调性的发展。

（6）使学生在运动中通过视觉、听觉、触觉等来感知篮球，进一步提升他们的运动感知能力。

（7）发展学生的跑位能力，进而促进他们大肌肉动作的发展。

（8）提升学生的传球能力，使他们的传球动作更加协调、灵活。

材料准备：

小篮球若干颗，粉笔1盒，大篮球若干颗，雪糕桶若干组，白色胶带2卷。

游戏玩法：

玩法一：适用于学前儿童。把篮球场的半场划分为禁区与自由区。自由区的学前儿童较少，可以向着禁区发起进攻，抢走禁区学前儿童手中的球，而禁区的学前儿童可以互相帮助进行躲避争夺篮球。

玩法二：适用于小学生、中学生。把学生分为人数相等的A、B两队，每队至少7人，每队选出2人分别交错站在对角上。在篮球场上的阵地各方放置雪糕桶，在游戏过程中，学生不能触碰到雪糕桶。双方罚球线跳球开始，得球方通过相互传球组织进攻，力求把球投给站在禁区内的队友，在该角上的对方学生则可运用各种防守方法协助队友，不让有球一方把球投给该角上的对手，记分规则为碰到雪糕桶扣2分，触碰警戒线扣1分，得球得2分。游戏结束后，分数高的组获胜。

游戏注意事项：

（1）抢球时应注意抢到球后迅速将球搂到胸腹位置，双臂可以先交叉护球，躲过双手抢断后，及时变为双手左右持球，确保可以第一时间传球。

（2）注意要教会学生保护自己，不要在争抢中蛮干而伤及他人。

（3）注意不要穿塑料底的鞋或皮鞋，而是应穿球鞋或一般胶底布鞋。

（4）在游戏过程中，要注意提醒学生严禁嬉戏打闹。

（5）学前儿童在玩此项游戏的过程中，教师要确保每名学前儿童可以做禁区或者自由区的玩家。小学生在玩此项游戏时要注意运球中的安全，可以提前准备一些消炎止痛药物，以备不时之需。中学生在玩此项游戏时要注意先做好热身运动，防止受伤，控制好全场节奏，注意运丢球的动向，随时喊停；除规定在场角上的学生，双方任何学生不得进入划定的禁区。

游戏建议：

中学生玩此项游戏时，可以将禁区设在颜色地带，派 1 名队员在禁区内接球。进攻方派 3 名队员在颜色地带外活动，剩余 3 人只能在三分线外活动。防守方全员不能进入颜色地带，其余队员不做要求。教师规定进攻方和防守方，游戏开始，进攻方通过传球配合和无球跑位，目的是将球送到禁区内队员手上（当球进入颜色地带后，防守方才可进入颜色地带对禁区球员防守、盖帽等），而禁区队员需要将球投入篮筐才算得 1 分，若是空接，则得 2 分，每次进攻的时间为 18 秒，完成投篮或到时间后，攻防转换。

可以进行双语融合教学，如对于学前儿童可以融入 attack（进攻）、hide（躲避）、ball（球）、change（交换）、safety（安全）、win（胜利）、lose（失败）、over（结束）、quit（退出）、rule（规程）等单词，对于小学生可以融入 holding（持球）、shoot（投篮）、passing（传球）、group（组）、partner（队友）、stand（站立）、touch（触碰）等单词，对于中学生可以融入 forbidden（禁止的）、zone（区域）等单词。也可以在游戏教学中融入英语短语，如 come on（加油）、wait a minute（等等）、pass on（传递）、catch the ball（接球）、join hand（合作）等。还可以在游戏中融入英语句子，如 "I am the winner."（我是赢家），"We have to get the ball into the zone where we can score."（我们必须把球传到能得分的区域）。并且可以融入篮球句子，如 "Golden Statement's Marc Jackson and Charlotte's Jamaal Magloire were ejected with 10:20 to play for scuffling under the basket. They became entangled while going after a rebound and were close to throwing punches when teammates separated them."（在比赛剩下 10 分 20 秒时，金州勇士队的马克·杰克逊和夏洛特黄蜂队的贾马尔·马格洛伊尔在篮下扭打成一团，双双被驱逐出场。他们是在抢篮板球时起了冲突。当队友们把他们拉开时，两人几乎要出拳打对方了）。

游戏四：1+1 投篮

游戏目的：

（1）提高学生的拍球、投球技巧和精准度，让他们的身体平衡性得到进一步提升。

（2）训练学生的协调能力、精细动作完成能力和运动感知能力，提高他们的运动灵活性。

（3）培养学生的运动兴趣，增强他们热爱运动的信心。

游戏材料：

篮球若干颗，迷你篮筐 1 个。

游戏玩法：

玩法一：适用于学前儿童。将学前儿童分成人数相等的两组，各成纵队站于指定投篮点后，每队第一名学前儿童各手持一球。游戏开始，各队学前儿童进行拍球训练，然后各队第一名学前儿童进行投篮，若投进，则把球传给下一名学前儿童；若未进球，则在原地进行拍球（左右手各拍 20 下），再传给下一名学前儿童。在游戏结束后，用时最短的组获胜。

玩法二：适用于小学生。教师以 2 人为单位，将学生分为若干组。分好组后，每小组派出一人到备球区准备，另一人则在篮筐下等待。游戏开始后，备球区的学生传球给篮筐区的学生，然后篮筐区的学生投篮。在规定时间内，哪组命中的多，哪组获胜。

　　玩法三：适用于中学生。将学生分成 2 组，学生站于边线外，教师站在中圈喊"1"并向高空扔球，第一组学生听到后立刻上前抢球，抢到球的学生快速向篮板运球，靠近篮筐进行投篮，没有抢到球的学生立刻防守，阻止有球人进攻投篮。投篮成功得 2 分，成功防守得 1 分。在规定时间内谁的积分多，谁获胜。

　　游戏注意事项：

　　（1）学前儿童要先做好热身运动，防止拉伤；在游戏时做好相应的安全防范，保护学前儿童不被反弹的篮球砸伤。小学生在游戏前可以先进行模拟，再开始游戏。中学生要注意场面控制，防止出现摔倒而致踩踏。

　　（2）拍球时要注意右手五指分开，掌心稍屈合在球表面，手腕、前臂用力按压球，想象球在水里，要把它压下去，不让它上来，球好像粘在自己手上。也就是说，拍篮球时要注意用力，手掌心要空，肩、肘、手腕、手指循序用力，最后力量发到手指，手肘不要外展得太厉害。

　　（3）既为便于投篮集中用力，也利于变换其他动作，在投篮时要注意动作的正确性，即两脚前后自然开立，两膝微屈，上体稍前倾，重心落在两脚之间。

　　（4）投篮时无论是单手还是双手，持球时五指应自然张开，掌心空出，用指根及指根以上部位触球，增大对球的接触面积，以保持球的稳定性，控制球的出手方向。

　　游戏建议：

　　可以进行双语融合教学，如对于学前儿童可以融入 holding（持球）、passing（传球）、patting（拍球）、shoot（投篮）等单词，对于小学生可以融入 group（小组）、catch（抓到）、stop（停止）、stand（站立）等单词，对于中学生可以融入 practice（训练）、partner（伙伴）、attack（进攻）等单词。此外，也可以在游戏教学中融入英语短语，如

hold on（继续）、divide into（分成）、pass on（传递）等。还可以在游戏中融入英语句子，如"Please pat your basketball."（请拍你手中的球），"You can pass on your basketball to your partner."（把球传给你的队友），"You steal the basketball from your enemy."（从对手处抢断球）。并且可以融入篮球句子，如"The Oklahoma City Thunder jumped out to a quick 14-2 lead on the Sacramento Kings and never looked back on the way to a 126-96 win inside Oklahoma City Arena. OKC's entire starting lineup spent the fourth quarter on the bench as the team took a 25-point lead into the final frame."。（俄克拉荷马城雷霆队以 14 比 2 开局，最终毫无悬念地以 126 比 96 战胜萨克拉曼多国王队。雷霆队以 25 分的优势进入第四节，他们的主力队员都无须出场了。）

游戏五：春种秋收

游戏目的：

（1）锻炼学生的小腿内外侧肌肉力量，促进他们身体协调性的发展，进一步提升其身体素质。

（2）训练学生的运球基本功，提高他们运动的速度，进一步提升其耐力。

（3）培养学生对运动的兴趣，让他们有运动意识，让他们的素质素养得到提升。

（4）发展学生的奔跑能力和投准能力，进一步增强他们的上下肢肌肉力量和体魄。

（5）培养学生的团队合作意识，让他们在游戏中学会合作交流。

游戏材料：

矿泉水瓶若干个，篮球若干颗，沙包（可用其他安全投掷物替代）若干个，粉笔 1 盒。

游戏玩法：

玩法一：适用于学前儿童。将学前儿童 5 人一组，分为若干组，教师讲解游戏规则，规定好两端连线，给每组发一个球。教师将 2 个矿泉水瓶沿一直线分别间隔一定距离（两端连线之间）放于每组面前。听到哨声游戏开始，每组第一名学前儿童向对面运球，途中依次把 2 个瓶子推倒，运至对面端线后返回，途中依次把 2 个瓶子扶起，再把球交给组内第二名学前儿童，第二名学前儿童按第一名学前儿童的动作重复运球。组内学前儿童依次进行，直至最后一名学前儿童完成任务，游戏结束。

玩法二：适用于小学生、中学生。先在篮球场上画定投掷线、起始线及四个终点圆圈，把学生分成 4 人一组。每组第一名学生拿 2 个沙包运球跑出，分别将沙包投进规定的圆圈中，然后快速运球返回与下一个同学击掌，第二名学生运球取回沙包，与下一个同学击掌，完成一个循环。第三名学生重复第一名学生的运球投沙包动作，第四名学生重复第三名学生的运球取沙包动作。4 名学生都完成时，计时结束，用时最短的组获胜。

游戏注意事项：

（1）要组织好学前儿童的热身运动，防止受伤，随时观察学前儿童的运动情况；学前儿童在推瓶或者扶瓶时，另一只手必须同时做低运球动作，不能手持球不动；游戏结束后，要组织学前儿童收拾场地，如收起矿泉水瓶、归还篮球等。

（2）在运球的时候，要注意两腿微屈，双目平视，手用力向前下方推按球，球的落点在身体侧前方，使球反弹的高度在腰腹之间，手脚协调配合，使篮球有节奏地向前运行。

（3）小学生、中学生要注意投掷沙包的时候不得踩线或越线，沙包必须完全落在圆圈中，方为"春种"成功，否则判罚游戏失败；要注意安全，防止被沙包砸伤；如果需要快速完成动作，需要先弄清楚游戏规则，再实施动作。

游戏建议：

可以进行双语融合教学，如对于学前儿童可以融入 spring（春天）、autumn（秋天）、summer（夏天）、winter（冬天）、bottle（瓶子）等单词，对于小学生可以融入 holding（持球）、throw（扔）、circle（圆）、catch（抓到）、stop（停止）、clap（击掌）、run（跑）等单词，对于中学生可以融入 earthbags（沙包）、line（线）、hit（击）、circulation（循环）、chalk（粉笔）、plant（种）、gain（收获）等单词。此外，也可以在游戏教学中融入英语短语，如 in spring（在春天）、in summer（在夏天）、clap the hand（击掌）、catch up（赶上）、throw out（抛）、throw the earthbas（投沙包）、in proper order（依次）、out-and-back route（往返路线）等。还可以在游戏中融入英语句子，如 "You can throw out what you hold."（把你拿的东西抛出去），"Everyone should follow the out-and-back route in proper order."（每个人都要按适当的顺序走来往路线）。并且可以融入篮球句子，如 "Paul Pierce appeared to be limited by the flu bug as he battled through his worst offensive outing of the season. The Celtics' captain scored a season low one point, and missed all ten of his shots from the field."（保罗·皮尔斯似乎受感冒影响，经历了本赛季最糟糕的一次进攻。这位凯尔特人队的队长打出了一个赛季最低的 1 分，并且全场 10 投全失。）

游戏六：老鼠偷油

游戏目的：

（1）增强学生的手臂力量，提升学生跳跃、肢体大动作运动的能力，让他们的上肢、下肢更有力量，长得更好更高。

（2）提升学生的运球能力、投球能力、投球技术、反应能力、灵活性、耐力，使他们的身体素质得到提升。

（3）培养学生的运动兴趣，增强他们的运动意识，让他们的课余生活更丰富。

游戏材料：

雪糕桶（作为标志物）若干个，篮球若干颗。

游戏玩法：

玩法一：适用于学前儿童。在规定区域内摆放标志物，教师当"猫"，"猫"不能出规定区域，捉偷"油"的"老鼠"；学前儿童作为"老鼠"，可以随意穿越规定区域，运球偷"油"（标志物），并躲避"猫"的追捕。

玩法二：适用于小学生。教师将学生按 2 ∶ 1 的比例分为"老鼠"组与"猫"组，并划定"老鼠"的"老巢"及"油场"，安置好雪糕桶点位。游戏开始，"老鼠"组学生从"油场"运球加传球到"老巢"，而"猫"组的学生要在运输途中拦截。成功拦球得 2 分，成功运输得 2 分，在规定时间，哪方得分多，哪方获胜。

玩法三：适用于中学生。指派一名学生充当"老鼠"角色，其余学生分散四处站立不动充当"油瓶"角色。教师鸣哨游戏开始，"老鼠"运球跑到任意油瓶处，用手拍一下，以示"偷油"，被拍的"油瓶"立刻变成猫去捉"老鼠"。"老鼠"跑到指定地区投篮，如果投篮命中，则"老鼠"胜；如果"老鼠"被捉住，则"猫"胜。

游戏注意事项：

（1）游戏前应做好热身运动，以防在活动中受伤。需要注意的是，热身时既可以按照脚踝、手腕、腿部、髋部、腰、肩的顺序来进行，也可以跟随"一闪一闪亮晶晶"的节奏，转动脚踝和手腕。预热大腿、膝盖和臀部的原则是舒缓。

（2）此项游戏运动量较大，教师要注意把控场面，防止出现混乱而导致运动损伤。教师要注意控制好游戏时长，以免超出学生的运动负荷。在游戏中，教师要时刻关注学生是否摔倒，以防出现意外。

游戏建议：

可以进行双语融合教学，如对于学前儿童可以融入 mouse（老鼠）、oil（油）、cat（猫）、steal（偷）、zoom（区域）等单词，对于小学生、中学生可以融入 process（过程）、home（家）、move（移动）、change（改变）、every（任意）、shoot（投篮）等单词。此外，也可以在游戏教学中融入英语短语，如 dribble the ball（运球）、steal from（偷）、catch up（赶上）、touch with（触）、move on to（接着做）、pat on somebody（拍某人）等。还可以在游戏中融入英语句子，如 "I catch you little mouse."（我抓到你了，小老鼠），"Hurry up, don't be caught!"（快点，别被抓到了）。并且可以融入篮球句子，如 "New York Knicks small forward Carmelo Anthony had 27 points and 8 rebounds before fouling out, while power forward Antawn Jamison scored a team-high 28 for Cleveland."（纽约尼克斯队小前锋卡梅隆·安东尼被罚下之前拿下 27 分和 8 个篮板，然而骑士队大前锋安托万·贾米森拿到本队最高的 28 分。）

游戏七：连线下棋

游戏目的：

（1）锻炼学生的肌肉力量，进而提升他们的抗阻能力。

（2）训练学生的运球能力、思维能力，进而提升他们的运球速度、运动协调性，以及思维敏捷性，促进其体质的增强。

（3）通过接力合作提高学生的团队凝聚力，增强他们的集体意识，使之更热爱集体。

（4）提高学生控制球的能力及熟练度，发展学生的平衡能力。

游戏材料：

粉笔 1 盒，篮球若干颗。

游戏玩法：

玩法一：适用于学前儿童。教师用粉笔在球场上画 2 个由边长为 50 厘米的正方形组成的九宫格，并将学前儿童分为 9 人一组。学前儿童距离九宫格区 20 米左右，且均持球。教师鸣哨，游戏开始。每组第一名儿童运球出发，把球放进九宫格中的格子里，迅速返回且与第二名儿童击掌完成接力，以此循环。当九宫格中的 9 个格子都被放满球时，用时最短的组获胜。

玩法二：适用于小学生。教师用粉笔在球场上画出 2 个由边长为 50 厘米的正方形组成的九宫格，并将学生分为 6 人一组。每组距离九宫格 20 米左右，且每组前三名学生持球。教师鸣哨，游戏开始。每组第一名学生运球出发，把球放进九宫格中的格子里，迅速返回并与第二名学生击掌完成接力，如此循环。当 3 球连成直线时，各组剩下的队员再去将 3 球运球到对面上篮，用时最短的组获胜。

玩法三：适用于中学生。教师用粉笔在球场上画出 2 个由边长为 50 厘米的正方形组成的九宫格，并将学生分为 6 人一组。所有学生持球，并距离九宫格 20 米左右。教师鸣哨，游戏开始。每组第一名学生运球出发，把球放进九宫格中的格子里，迅速返回且与第二名学生击掌完成接力，如此循环。当格子区出现 2 个 3 球连线时，组内剩下的学生进攻投篮，所有球都投中后，用时最短的组获胜。

游戏注意事项：

（1）游戏中必须把球放在指定位置上，若第一颗球没有放好，则下一名学生完成放球后可以进行调整。

（2）本游戏属于非剧烈运动，虽然安全系数高，但还是要注意安全，最好在室外篮球场地进行。

（3）游戏中要注意每名学生必须以标准的三步上篮动作或者急停跳投投篮，若球没进，则学生需要冲抢篮板球后，出三分线重新进行三步上篮。若三次没投中，学生需要运球回到队伍中，让下一名学生运球到格子区，形成 3 球连线后，才能开始运球并三步上篮或急停跳投投球。

（4）击掌时要注意用力适度，严禁在击掌时嬉戏打闹。

游戏建议：

可以进行双语融合教学，如对于学前儿童可以融入 one（1）、two（2）、three（3）、four（4）、five（5）、six（6）、seven（7）、eight（8）、nine（9）等单词；对于小学生可以融入 double（双倍的）、triple（三倍的）等单词；中学生可以融入 checkerboard（*n.* 西洋棋棋盘、*v.* 在……上面纵横交错地排列）、chess（国际象棋）、go（围棋）、gobang（五子棋）、flight game（飞行棋）等单词。此外，也可以在游戏教学中融入英语短语，如 Chinese chess（中国象棋）、three balls in a row（三球连珠）等。还可以在游戏中融入英语句子，如 "There are three balls in a row."（有三个球排成一排。）并且可以融入篮球句子，如 "Derrick Rose outbattled Chris Paul as Rose put up 23 points as the Chicago Bulls wrapped up their five-game road trip with a 97-88 win over the New Orleans Hornets on Saturday night at the New Orleans Arena."（周六晚上，在新奥尔良球馆，德里克·罗斯取得 23 分，力压克里斯·保罗，芝加哥公牛队以 97 比 88 战胜新奥尔良黄蜂队，结束了 5 个客场之旅。）

游戏八：出类拔萃

游戏目的：

（1）让学生知道篮球运球的技术原理及作用，让他们在篮球比赛中更能打好配合。

（2）锻炼学生的肌肉力量和身体协调性，提高他们控制球的能力及熟练度，进一步促进身体协调性的发展。

（3）通过投篮练习来训练学生的投篮能力，提高其投篮命中率。

（4）让学生懂得运动的重要性，培养学生的运动兴趣，增加其运动乐趣。

（5）训练学生快速运动下的得分能力，让他们知道运动也是有竞争的。

（6）提高学生的团队凝聚力，增强他们的集体意识。

游戏材料：

小篮筐 2 个，篮球若干颗。

游戏玩法：

玩法一：适用于学前儿童。教师把学前儿童分为两组，让学前儿童在距小篮筐一定距离前排好队，让学前儿童听到哨声后，把球运到篮筐前，然后投篮，并告知学前儿童"如果球投不进，需要捡起球再次投篮"，再次投篮只有 3 次机会，如果 3 次投篮都没进球，则这名学前儿童就要被淘汰出局。游戏进行若干轮后，没有被淘汰出局的人数多的一组获胜。

玩法二：适用于小学生。将全体学生分为两组进行比赛，每组各站一侧 45 度角处（可互换位置），每组排头持球，听口令，每组第一名学生投篮，投篮后中与不中都需要冲抢篮板进行补篮，然后将球传给下一名学生，3 次投球不中者将被淘汰，投中者下轮继续投，游戏进行若干轮后，教师宣布结束游戏，根据淘汰情况确定胜负，没有被淘汰出局的学生多的一组为胜。

玩法三：适用于中学生。教师将全体学生分成进攻组、防守组两组进行比赛，其中进攻方在中线站成一排，防守方在底线站成一排。两组学生进行报数，且要求学生记住自己所报数的号码。进攻方所有队员都持球。游戏开始，教师说出号码，如"2 号"，则进攻方 2 号队员需要迅速运球进攻，防守方 2 号队员要迅速进行防守。进攻成功，则进攻方得分而防守方 2 号被淘汰；进攻失败，则防守方得分而进攻方 2 号被淘汰。教师继续随机喊出号码，游戏继续重复以上动作，直到一组队员全部被淘汰，游戏结束。然后，攻守交换再次游戏。

游戏注意事项：

（1）游戏前做好热身运动，防止运动损伤。控制好全场节奏。注意运丢球学生的动向，随时喊停。本游戏属于非激烈运动，虽然安全系数高，但还是要注意安全，控制身体对抗强度。

（2）要注意冲抢篮板球时，进攻要强调冲抢，防守要强调挡抢。要注意判断球的落点，利用各种假动作冲抢。

（3）抢防守篮板球时，要注意用转身挡人的动作先挡人、后抢篮板球。不论抢进攻还是防篮板球，都要抢占在对手与球篮之间的位置上。

游戏建议：

对于学前儿童来说，该游戏还可以这样玩，即教师吹哨后游戏开始，同时计时也开始，前一名学前儿童投篮进球后，下一名学前儿童才能出发。最后所有队员中先完成进球的队伍获胜。对于小学生来说，每名学生必须以标准的三步上篮动作完成进球，若没有完成进球，则需要学生冲抢篮板后，出三分线重新开始进攻。对于中学生来说，攻方可发 2～3 个花样球（花样球得分翻倍），花样球由队员自行分配。赛制上不再进行淘汰，改为统计最终得分。

可以进行双语融合教学，如对于学前儿童可以融入 goal（进球得分）等单词，对于小学生可以融入 outstanding（杰出的）等单词，对于中学生可以融入 battle（竞赛）、combat（战斗）、war（战争）等单词。此外，也可以在游戏教学中融入英语短语，如 keep going（继续）等。还可以在游戏中融入英语句子，如"I am outstanding."（我是一个优秀的人），并且可以融入篮球句子，如"The Naismith Memorial Basketball Hall of Fame today announced an elite list of players, coaches, referees, contributors, officials and teams as the 12 finalists to be considered for the election in 2011."（今天奈史密斯篮球名人堂公布了一份候选人名单，其中包括球员、教练、裁判、突出贡献者、官员与球队，最后这 12 名候选者将出现在 2011 年的选举名单上）。

游戏九：仓鼠运粮

游戏目的：

（1）训练学生运球变向、控制球、快速推进球的能力，进而提升他们的应变能力、平衡能力，促进他们身体素质的提高。

（2）训练学生的反应能力，提高他们的运动灵活性、敏捷性、协调性。

（3）通过对游戏规则的学习，潜移默化地塑造他们的规则意识。

（4）学会控制运球行进的速度，锻炼学生在紧张环境下的机动能力。

游戏材料：

呼啦圈 2 个，标志桶 6 个，篮球若干颗。

游戏玩法：

此项游戏适用于学前儿童、小学生、中学生。将学生分为人数均等的 A、B 两组，并命名为小仓鼠 A 组和小仓鼠 B 组，让两组学生分别站在篮球场相对的两个底角，把所有篮球集中到篮球场中圈（1 颗篮球为 1 粒粮食）。听教师哨声响后，各组第一只"小仓鼠"按路线快速跑到中圈，将"粮食"按照既定路线运回自家半场的"粮仓"（呼啦圈）。注意每只"小仓鼠"每次只能运 1 粒"粮食"，返回时必须运球回来。到达"粮仓"后把"粮食"放进"粮仓"，再跑到起点与第二只"小仓鼠"击掌后，第二只"小仓鼠"方可出发。第二只"小仓鼠"重复第一只"小仓鼠"的动作。只要有一组"小仓鼠"先于另一组多运完一次，游戏即可结束，多运完一次的组获胜，并给予奖励。

游戏注意事项：

（1）游戏前进行热身运动，特别是膝关节、踝关节与腕部的放松运动要做好。

（2）教师做的动作不要太难，要利于学生进行模仿学习。

（3）运球的方式有很多种，如双手推拉球、单手推拉球、拍球等。要注意选择适合自己的方式进行练习。

（4）在练习运球时，要注意学会控制力度和速度。力度过大可能导致球飞出控制范围，速度过快则可能使球难以控制。

（5）在运球时，需要手眼协调配合。练习时要注意可以尝试多种方法来训练手眼协调能力。

（6）在运球过程中，若运球失误，如掉落等，必须把球捡回失误的地方重新开始。

（7）当 A 学生完成运球时，要注意在完成时必须与 B 学生击掌后，B 学生才能开始运球。

（8）在运球接力竞速前可以进行传球训练，保证接球的默契度。

（9）注意在此项游戏中，一次只能运输一颗球，多运无效。

游戏建议：

可以进行双语融合教学，如对于学前儿童可以融入 center（中锋）等单词，对于小学生可以融入 mouse（老鼠）、rice（大米）等单词，对于中学生可以融入 swish（空心球）、screen（掩护）、travel（走步）、charge（带球撞人）、carry（携带球）、assist（助攻）、mid-court（中场）、halftime（中场休息时间）等单词。此外，也可以在游戏教学中融入英语短语，如 point guard（控球后卫）、power forward（大前锋）、small forward（小前锋）、shooting guard（得分后卫）、bank shot（擦板球）、fade-away shot（后仰式跳投）、man-to-man（人盯人防守）、lay-up（上篮）、scoring（得分）、free throw（罚球）、three-point shot（3 分球）、front court（前场）、back court（后场）、out of bounds（球出界线）、second half（下半场）等。还可以在游戏中融入英语句子，如 "I am outstanding."（我是一个优秀的人），并且可以融入篮球句子，如 "AI Horford scored 22 Points with 13 rebounds and 7 assists as the Atlanta Hawks emphatically smapped their three-game losing streak by pasting the Golden State Warriors 95-79 Friday night."（周五，艾尔·霍福德取下 22 分、13 个篮球和 7 次助攻，最终帮助亚特兰大老鹰队以 95 比 79 战胜金州勇士队，结束了球队的三连败）。

游戏十：山路十八弯

游戏目的：

（1）训练学生的肌肉力量，使他们的掌部、手臂力量得以增加，促进身体协调性发展，提升身体素质。

（2）发展学生运球体前变向的能力，促进他们运动协调性的发展。

（3）在游戏中培养学生的规则意识，潜移默化地塑造他们的规则思维。

游戏材料：

篮球 2 颗，标志桶若干个。

游戏玩法：

此项游戏适用于学前儿童、小学生、中学生。将学生分为人数均等的两组，每组第一名学生持球。听教师的哨声响后，两组的第一名学生开始朝着标志桶方向运球前进，遇到标志桶就变向绕过，直到绕过最后一个标志桶，然后将球传给本组第二名学生，直到本组队员全部完成任务，两组中用时短的一组获胜。

游戏注意事项：

（1）必须按照规定技术动作进行比赛，在比赛中要遵守规则，不推搡打闹。

（2）听从教师指令，避免冲撞受伤。

（3）如运球失误，捡到球后，必须回到失误点重新开始。

（4）传完球之后，必须到指定位置等待。

游戏建议：

可以根据儿童的发展特征和课堂表现，适当提高游戏难度，如将体前变向改为背后变向，促进学生身体和协调能力的发展。可以进行双语融合教学，如学前儿童可以融入 center（中锋）等单词，小学生可以融入 assist（助攻）、scoring（得分）等单词，中学生可以融入 swish（空心球）、screen（掩护）等单词。此外，也可以在游戏教学中融入英语短语，如 point guard（控球后卫）、power forward（大前锋）、small forward（小前锋）等。还可以在游戏中融入英语句子，如"I brace you."（我支持你。）并且可以融入篮球句子，如"Utah Jazz coach Tyrone Corbin has moved C.J. Miles into the starting lineup in place of veteran guard Raja Bell as he searches for a way to get his team playing better."（犹太爵士队主教练泰隆·科宾把 C.J. 迈尔斯放进了球队的先发阵容，代替老将拉加·贝尔，以使球队打得更好。）

游戏十一：运球贴人

游戏目的：

（1）训练学生的反应能力，提高他们运球快速移动摆脱的能力。

（2）通过运动来增强学生的体质，锻炼他们的肢体协调性，促进掌部、手臂肌肉力量的发展。

（3）提高学生的团队凝聚力，增强他们的集体意识，让他们知道团队合作的重要性。

（4）培养学生积极进取、顽强拼搏、团结协作、吃苦耐劳的优良品质。

游戏材料：

篮球若干颗，哨子1个，秒表1只，矿泉水1箱。

游戏玩法：

此项游戏适合学前儿童、小学生、中学生。将学生分为人数相等的两组，每组中的每个人手里都持一颗球，其中一组学生先围成一个圆圈站好，另一组学生按照一对一原则各自找圈组中的人对应站好。由教师指定任意一对儿童先进行运球的追逐游戏，追逐者和被追逐者在半场范围内快速运球追逐，在跑的过程中，被追逐者跑到任何一对儿童的前面贴住后站好，同时大喊一声"贴"，这时被贴到的一对儿童变成被追逐者，并立刻运球快速跑，追逐者继续追，如被追到，则交换追逐对象，游戏重新开始。

游戏注意事项：

（1）先做好热身运动，防止运动损伤。游戏前查看学生的衣着装备是否适合此项活动，如有不适，则需要进行相应的更换处理。

（2）要查看场地的安全性、游戏所要用的器材数量，看看是否适合学生使用。

（3）要给学生讲清楚规则，明确游戏目的、玩法。

（4）追逐者和被追逐者必须合规运球。

（5）在追逐过程中，如果被追逐者跑出了半场，则交换追逐对象。

（6）追逐者接触被追逐者身体（包括衣服）任一部位即为成功。

游戏建议：

学生玩此项游戏时，可以改变游戏规则进行"反贴"，如追逐者跑到任何一对学生的前面贴住，这时被贴到的最后面的学生变成追逐者。如果是学前儿童这样玩，可以锻炼他们的反应能力和应变能力；小学生、中学生这样玩，可以锻炼其在紧张环境下的机动能力和身体协调能力。此外，也可以在追逐途中设置一些障碍，如老师说"switch over"（换），学生立即换手运球。可以进行双语融合教学，如对于学前儿童可以融入 center（中锋）、carry（携带球）等单词，对于小学生、中学生可以融入 screen（掩护）、travel（走步）、charge（带球撞人）、assist（助攻）、substitute（换人）、mid-court（中场）、halftime（中场休息时间）等单词。此外，也可以在游戏教学中融入英语短语，如 point guard（控球后卫）、power forward（大前锋）、small forward（小前锋）、shooting guard（得分后卫）、bank shot（擦板球）、fade-away shot（后仰式跳投）、man-to-man（人盯人防守）、lay-up（上篮）、free throw（罚球）、three-point shot（3 分球）、front court（前场）、back court（后场）、out of bounds（球出界线）、second half（下半场）等。还可以在游戏中融入英语句子，如 "I'm coming after you."（我要追上你了），并且可以融入篮球句子，如"The Target Center crowd cheered when Kevin Love collected his 10th rebound early in the fourth quarter, extending his streak of consecutive double-doubles to 45, now just six short of Moses Malone's 51-game run spanning the 1978-1979 and 1979-1980 seasons."（当凯文·乐福在第四节早些时候拿到他的第 10 个篮板时，标靶中心全场欢呼，乐福将他的连续两双纪录延伸到 45 次，现在仅差 6 场就超越摩西·马龙在 1978—1979 和 1979—1980 赛季 51 场比赛两双的纪录）。

游戏十二：喊数接球

游戏目的：

（1）锻炼学生的反应速度和身体的灵活性，让他们的反应能力得以提升，进而提高他们投篮的命中率。

（2）提升学生的投球技巧和能力，进一步提高他们的跳跃能力。

（3）让学生熟悉篮球球性的特点，通过各种感官刺激来帮助他们感知球，从而提高他们对篮球的感知能力。

（4）通过练习篮球的基本步伐，提升学生的身体平衡性、感知能力、反应能力和观察能力，从而促进其力量、灵敏度等身体素质的提升。

（5）在游戏中培养学生的规则意识，使学生潜移默化地塑造规则思维，知道做任何事情都要遵守规则。

（6）使学生能够熟练掌握投篮要领，领会篮球运动的节奏感并提高运球能力。

（7）初步培养学生对篮球运动的鉴赏能力及发展自学、自练、自控、自调、自评的能力。

游戏材料：

篮球若干颗。

游戏玩法：

此项游戏适用于学前儿童、小学生、中学生。教师将学生按照"1、2、3……"进行编号，并让学生围成一圈，然后指派一名学生持球站在发球线位置。教师吹哨游戏开始。持球学生将球垂直向上抛起，同时喊出任意数字，被喊中的学生立即跑出接球。若被喊中的学生接住球后喊出下一个数字，被喊到数字者出来接球，游戏依此规则继续进行；若被喊中的学生没有接住球，则快速去捡球进行投篮，球投进则游戏继续，若未投进则接受惩罚。

游戏注意事项：

（1）要提醒学生注意听指令，要记住自己的编号。

（2）教师要给学生讲解清楚投篮的站立姿势、手部位置、准备动作、发力动作、跳跃动作、目标瞄准、运球和起跳时间、跟随动作等。

（3）教师要记住，每个学生的体型和技术不同，需要根据学生自身情况进行技术要领的微调和改进。

（4）投球没中必须重新投球。

（5）做好热身运动，防止运动损伤。

（6）控制全场节奏，注意运丢球学生的动向，随时喊停。

（7）游戏开始前，检查场地是否安全、有无障碍物。

（8）适当给予鼓励，正确引导学生在游戏过程中对待输赢的态度。

（9）游戏前后及时补水，避免大量饮水。

游戏建议：

教师在每组数字编号的基础上，将编号改为 A、B、C、D 等英文字母，通过引导学生对编号的认识，营造学生学习英文字母的环境，加深学生对 26 个大写字母（A、B、C、D、E、F、G、H、I、J、K、L、M、N、O、P、Q、R、S、T、U、V、W、X、Y、Z）的认识。同时，可以将 1（one）、2（two）、3（three）、4（four）等数字的首字母与英文字母进行对应来练习玩耍，这样可以增加学生的学习兴趣，从而提升学生接球的熟练度与反应度，适当提高其抛球速度。也可以融入一些短语，如 power action（发力动作）、jumping action（跳跃动作）、follow the action（跟随动作）。还可以融入篮球句子，如 "Behind a third-quarter explosion by Kobe Bryant, who was fighting pain in his right elbow, and stout defense, the Lakers pounded the Clippers, 108-95, to go up in the season series, 2-1."（在第三节中，一直在和自己手肘的疼痛做斗争的科比·布莱恩特大爆发，在防守端展现出了强大势头，最终率领湖人队以108 比 95 战胜快船队，在赛季对战中以 2 比 1 领先）。

游戏十三：石头剪刀布

游戏目的：

（1）提高学生对球的感知能力，训练他们的运球能力，锻炼他们的肌肉力量和身体协调性，以培养他们的运动兴趣，从而让学生感知运球给他们带来的身体快感。

（2）提高学生的运球技巧、能力，提高他们的感知能力，让他们通过感知球来熟悉篮球球性，促进他们多器官系统的发育。

（3）提升学生身体的发展速度、力量、灵敏度等，促进他们身体素质的发展。

（4）使学生熟练掌握行进间运球的动作要领，领会运动的节奏感并提高运球能力。

（5）通过游戏教学，初步培养学生的创造思维能力和集体荣誉感，使学生体验成功感。

游戏材料：

篮球若干颗，标志桶 2 个。

游戏玩法：

此项游戏适用于学前儿童、小学生、中学生。教师将学生分为两组，使其分别成纵队站在端线处，然后发布指令，每组派出一名学生分别站在对手对面的中线处，身前各放一个标志桶。每组第一名学生拿球，听到开始的指令后，快速运球到对面标志桶处，与事先到位的学生进行石头剪刀布。运球学生输第一次要马上做一个下蹲，输第二次做两个下蹲，以此类推，直到运球学生赢了事先到位的学生，再迅速运球返回，与下一名学生击掌。下一名学生开始新的一轮，以此类推，直至每组最后一名学生完成任务，最快完成的组获胜。

游戏注意事项：

（1）游戏开始前检查场地是否安全、有无障碍物。

（2）做好热身运动，在进行运动前，应进行充分的热身活动，以降低受伤的风险。

（3）游戏前后及时补水，避免大量饮水。

（4）控制运动强度。根据学生的身体状况调整下蹲的深度和持续时间，不要过度强求，应逐渐增加难度。

（5）避免快速下蹲或突然起立，以免引起身体不适。

（6）下蹲时要注意保持正确姿势，确保膝盖不超过脚尖，背部保持直立。

（7）适当给予鼓励，正确引导学生在游戏过程中对待输赢的态度。

游戏建议：

可以两组以上进行比拼，并且可以根据学生的运球能力适当增加障碍物。下蹲时可以让学生使用英文字母数数，如第一名学生 10 个下蹲，则蹲第一次喊出 A，蹲第二次喊出 B，依次蹲下并喊出 C、D、E、F、G、H、I、J，第二名儿童则从 J 之后开始数，依次喊出 K、L、M、N……可以在学生运球的路线上设置障碍物，让学生运球绕过，并规定让学生在一定时间内完成运球接龙，要求学生下蹲次数不超过 3 次，若第四次猜拳失败，则双方应共同运球绕回，且在下蹲时要求学生用英文进行数数，如 1（one）、2（two）、3（three）等。学生在进行猜拳的同时，要使用英语喊出石头、剪刀、布（stone、scissors、cloth）。击掌时，学生应提前对下一名学生喊出 give me five（击掌）。也可以融入篮球句子，如"Bryant finished with 18 in the period on 8-for-11 shooting. He missed out on his 20th point after his dunk on the breakaway wasn't in time as the third quarter buzzer sounded."（布莱恩特在这一节 11 投 8 中的命中率下得到 18 分。他错失了自己的第 20 分是因为他的突破灌篮没有及时赶上第三节结束的哨响）。

游戏十四：运球接力

游戏目的：

（1）通过运球游戏，培养学生的运球技巧和运球能力，使他们熟悉篮球球性，提高对篮球的感知能力。

（2）培养学生控制身体的平衡能力、感知能力、反应能力和观察能力，发展他们的速度、力量、灵敏度等，使他们的身体素质得到提升。

（3）使学生能够熟练掌握行进间运球的动作要领，让他们领会运动的节奏感并提高运球能力。

（4）培养学生的集体荣誉感，使他们体验在集体中的成功感，增强他们的集体意识。

（5）提高学生控制球的能力以及熟练度，让他们的平衡协调性得到发展。

游戏材料：

篮球若干颗，标志桶 2 个。

游戏玩法：

此项游戏适用于学前儿童、小学生、中学生。教师将学生分为人数相等的两组，让其分别站在球场底线的两边，各组的第一名学生拿球，教师发出哨声指令，游戏开始。学生听见哨声后，开始朝中场方向运球前进，到达中场绕过标志桶后返回底线，返回底线后，将球传给第二名学生，依次类推，直到每组学生都完成以上动作，最先完成的一组获胜。

游戏注意事项：

（1）游戏开始前检查场地是否安全、有无障碍物。

（2）做好热身运动，防止运动损伤。

（3）游戏前后及时补水，避免大量饮水。

（4）接力时，必须手递手传球。

（5）运球失误时必须把球捡回，在失误的地方重新开始运球。

（6）到达中场后，必须绕过标志桶才能返回。

（7）控制全场节奏，注意运丢球儿童的动向，随时喊停。

（8）适当给予鼓励，正确引导学生在游戏过程中对待输赢的态度。

游戏建议：

运球过程中可以变换左右手进行运球，可以根据学生的能力水平增加障碍物的数目。学生在运球过程中喊出 A、B、C 等英文字母，若前一名学生没有喊完 26 个字母，则下一名学生应当接上。例如，上一名儿童喊到 H，下一名学生应从 I 开始。学生在运球过程中，可以一边运球，一边用英文进行数数，如 one、two、three……学生即将到达终点时，可喊出 "next"（下一位），示意下一名同学进行接力，接着数数。

在游戏原有基础上，可以要求每名学生在运球接力前说出任意字母开头的单词，如第一组第一名学生出发前喊出 pacific（和平），则第二名学生出发前应喊出 p 开头的单词，如 pack（挤满、捆扎）。也可以融入一些短语，如 reach the midline（到达中线）、return to the bottom line（返回底线）、dribble forward（运球前进）、take the ball（拿球）等。还可以融入篮球句子，如 "The Suns nailed a dozen 3-pointers, with Channing Frye hitting six of them, as the Suns came from behind in the final quarter to squeak past the Utah Jazz 102-101 Tuesday night in Arizona."（周二晚上，太阳队命中12记3分，其中钱宁·弗莱独中6记，太阳队在第四节绝地反击，最终在亚利桑那州以102比101战胜犹他州的爵士队）。

游戏十五：运球接龙

游戏目的：

（1）让学生进一步知道运球、双手胸前传接球动作的概念。

（2）让学生巩固并提高运球、传接球技术动作，提高他们对球的控制和支配能力，进一步提升他们的灵敏、速度、耐力等身体素质。

（3）培养学生勇敢，机智，果断，胜不骄、败不馁的优良品质和团结一致、密切配合的集体主义精神。

（4）让学生初步学习行进间慢跑中运球技术，使他们学会原地运球的正确方法。

（5）锻炼学生的身体协调能力和上下肢肌肉的控制能力，让他们的协调性、耐力等得到发展。

（6）训练学生熟练掌握控制运球路线技能，培养其团队协调能力。

游戏材料：

篮球若干个。

游戏玩法：

玩法一：适用于学前儿童。首先，教师给每名学前儿童发一颗篮球，让学前儿童排好两队，面对面站齐，并拉开安全距离。然后，教师示范拍球动作，引导儿童学习拍球。（动作提示：两脚自然分开，双膝微屈，左手护球，右手用力向下拍球，篮球反弹高度至腹部。）学前儿童先面对面练习原地拍球，然后2人一组，一人拍球，一人数数。

玩法二：适用于小学生。教师在操场画上起始线与终点线，并给每一组站在第一位的学生发颗篮球，告诉学生做好运球和投篮的准备。教师吹响哨声，游戏开始。各组学生按顺序依次运球至篮下进行投篮，再运球返回。在游戏过程中，教师需要时刻关注学生的身体状态。一组学生"投篮＋运球"做完，则意味着游戏结束，所有队员最先完成的一组获胜。

玩法三：适用于中学生。把学生分为人数相等的甲、乙两队，每队又分为 A、B 两组，每队的两组成纵队面向场内分列于两端线后迎面站立，每队的 A 组第一名学生先持球。游戏开始后，持球队员首先用行进间高运球方法把球运至对侧端线，把球交给本队 B 组第一名学生，然后自己排到该组末尾，B 组第一名学生接球后，迅速直线运球至对侧端线，把球交给本队 A 组第二名学生，如此循环，直到全队每名学生都轮完一次，先轮完的队获胜。

游戏注意事项：

（1）教师要注意详细介绍投篮的标准姿势。第一，要脚尖面对篮筐，重心在双脚之间；第二，两脚开立，基本和肩膀同宽；第三，屈膝投篮才能发力；第四，手肘要适当外展，才不会挡住视线；第五，手肘、肩和手形成 90 度；第六，手指和手掌边缘触球，掌心不触球；第七，辅助手不发力，主要是扶着篮球，注意两只手的拇指呈"T"字形；第八，投篮时两只胳膊呈倒"V"字形；第九，投篮手的跟随动作，食指指向篮筐。

（2）每个组要注意保持较大距离，以防球砸到人。

（3）教师在课上需要密切关注学生的身体状况，如在暑季谨防出现中暑等情况。

（4）要求学生注意听清楚游戏的玩法规则。

游戏建议：

在原来游戏基础上可以增加边走路边拍球，增加教师指令"left"（左边）、"right"（右边），也可以练习融入英文短语，如 left hand（左手）、right hand（右手）、good job（干得好）、shoot at the basket（投篮）、pay attention to safety（注意安全）。此外，可以增加运球难度，如转身运球、侧滑运球、侧身运球，然后组织两组比赛，完成一系列动作之后，消耗时间短的小组获得胜利，并给予奖励。也可以增加游戏运球线路的障碍设置，通过设置障碍物来增加学生运球的难度，如进行蛇形线路运球、"之"字线路运球等，从而提高学生的肢体控制能力。在教学过程中，教师可以融入英语短语，如 attention control time（注意控制时间）、run left and right（左右跑）、continue to maintain（继续保持）、team work（团队协作），也可以融入篮球句子，如 "Pistons guard Tracy McGrady had 14 points and is now nine shy of 18,000 for his career."（活塞队后卫特雷西·麦克格雷迪得到了 14 分，仅差 9 分就可达到职业生涯的 18000 分）。

游戏十六：运球报数

游戏目的：

（1）使学生了解基本传球概念，掌握基本传球技巧。

（2）提高学生的观察与判断能力，引导他们自我思考。

（3）培养学生的自信心、团队配合能力，形成规则意识，引导他们积极参与并享受篮球运动的乐趣。

（4）提高学生动作的灵敏性及运球的稳定性，同时训练其反应能力并培养其运动兴趣。

（5）使学生初步掌握行进运球的基本技术，发展他们的运球反应速度、灵敏度、协调度等。

（6）激发学生的学习兴趣，培养他们的竞争意识。

（7）培养学生的集体意识，增强他们的团队合作精神。

游戏材料：

篮球若干颗，障碍物若干个，哨子 1 个。

游戏玩法：

玩法一：适用于学前儿童。教师先让学前儿童排好队，给每名学前儿童发一颗篮球，并拉开安全距离。然后，教师让学前儿童在原地做左右手运球练习。最后，让儿童看教师手势，如教师伸出 3 根手指，则儿童报出数字"3"。教师重复以上流程做出不同手势，儿童重复以上动作和看手势报数。教师事先设定好儿童的运动量，当达到相应运动量后，方可结束游戏。

玩法二：适用于小学生。将学生分成 4 组，每组分别在篮球场的端线上站成四路纵队，由每队排头的学生运球绕过标志杆，回来后报自己的数字（是第几个运球就报数字几），并将球传给下一名同学，后面的学生重复前面同学的动作，所有学生依次进行，直到最后一名学生完成动作，用时最短、失误最少的小组获胜。

玩法三：适用于中学生。将学生 5 人一组，分为若干组进行接力运球。学生先快速行进运球半场，再左右手运球前进，并绕"S"形躲避障碍物。每组成员相继接力，当组内一名成员运球躲避障碍物行进一个来回时，下一名组内成员接力出发，直到最后一名组员完成运球，游戏结束，用时最短者获胜。

游戏注意事项：

（1）教师要给学生讲清楚篮球场界线，让他们清楚地知道什么是边线，什么是端线、中线、中圈等。

（2）教师要给学生讲解清楚运球的相关知识，如要保持正确姿势、控制力度和速度、使用正确的运球方式、锻炼手眼协调、练习变速和变向等。

（3）要注意提醒学生运球时应该抬头，要时刻观察场上情况，如果运球时只顾低头看球，很容易被对手盗球。

（4）本游戏属于非激烈运动，虽然安全系数高，但还是要注意安全。

（5）对场地无特殊要求，在空旷场地进行即可。

（6）游戏前进行热身运动，特别是膝关节、踝关节与腕部的放松很重要。

（7）在运球接力竞速前进时进行传球训练，要保证接球的默契度。

游戏建议：

在左右手运球的基础上可以增加高低运球，并让学生同时进行报数。教师在学生报数后可以增加"左边高"或"右边低"，引导学生进行左边高手拍球，右边低手拍球，在增加游戏趣味性的同时，训练学生对运球的灵敏度。可在练习过程中增加英语短语，如 left hand（左手）、right hand（右手）、high slap to the left（向左高拍球）、beat the ball low to the right（向右低拍球）等。也可以增加游戏道路障碍，如蛇形运球等，并练习的英语短语，如 turn left（向左转）、turn right（向右转）、attention control time（注意控制时间）、perform well（表现出色）、don't be discouraged（不要气馁）等。还可以让学生先投篮，再进行"S"形运球前进等。练习英语短语，如 shoot at the basket（投篮）、avoid obstacles（注意躲避障碍）、perform well（表现出色）、speed ahead（加速前进）、pay attention to safety（注意安全）。

游戏十七：幸福拍拍手

游戏目的：

（1）使学生掌握基本投球技巧，提高投球命中率。

（2）提高学生的自我思考能力，培养学生的力量素质。

（3）培养学生自信和坚持不懈的毅力，引导他们积极参与并享受篮球运动的乐趣。

（4）锻炼学生的手臂力量，训练他们的肌肉协调度。

（5）在拍手过程中训练学生的反应能力，提高学生的运动协调性。

（6）在游戏中培养学生的规则意识，潜移默化地塑造学生的规则思维。

（7）提高学生控制球的能力及熟练度。

游戏材料：

篮球若干个。

游戏玩法：

玩法一：适用于学前儿童。让学前儿童排好队，给每名学前儿童发一颗篮球，并拉开安全距离。教师拍一次手，学前儿童将球向前上方投出并拍手一次，然后去接球；教师拍两次手，学前儿童将球向前上方投出并拍手两次，然后去接球。依此类推，未拍够次数或球在落地之前未接住的儿童将被淘汰，淘汰至剩下最后一人，此人获胜。

玩法二：适用于小学生。教师与学生一起进行游戏，先在篮球场（运动场）上划定一个范围，然后教师开始说数字，喊"1"，学生做出拍手一次的动作并投篮一次，类似折返跑的形式；教师喊"2"，学生拍手两次并投篮两次；教师继续依次喊数，学生增加拍手与投篮次数。以此类推，学生动作错误或篮球出界则游戏结束。

玩法三：适用于中学生。将学生 2 人一组，分成若干组。学生听教师所喊的数字并转相应数字圈数，再投篮，投篮命中次数与教师所喊的数字相同时，方可把球传给下一位同学。每组组员依次完成游戏动作，用时最短的组获胜。

游戏注意事项：

（1）教师喊数不要太快，要给学生留出反应时间。

（2）学生要记住教师所喊的数字，转圈次数及投篮命中次数要与教师所喊的数字保持一致。

（3）控制全场节奏，注意拍手学生的动向，随时喊停。

（4）关注篮球向上投出的方向，注意学生头部安全。

（5）在投篮折返跑前可以进行传球训练，保证接球的默契度。

（6）教师教给学生正确的投篮方式。

（7）要注意提醒学生，为了提高投球的命中率，刚开始时不要过多考虑球是否投中了目标，要把注意力集中到身体的姿势、动作及整个投球动作的节奏上。每次投球要重复同样的动作要领，当正确的投球动作变得很顺畅的时候，命中率自然会提高。

游戏建议：

可以更有趣地玩游戏，如将拍手改为原地摸地或者转圈。具体来说，教师拍一次手，儿童将球向前上方投出并原地摸地一次；教师拍两次手，儿童将球向前上方投出并原地摸地两次。依此类推，未拍够次数或球在落地之前未接住的人被淘汰，淘汰至最后一人，此人获胜。在游戏过程中，可以进行双语融入教学，如融入英语单词或短语，如 stop（停止）、stand（站立）、holding（持球）、clap your hands（拍手）、touch the ground（摸地）、turn around（转圈）、anticlockwise（逆时针）等。

此外，也可以两人一组进行面对面投篮，或者采用接力比赛的形式。比如，教师在操场上划定起始线与终点线，并给每一名学生发一颗篮球，学生面对面站立，并做好拍手与投篮的准备。教师开始喊数，学生做出拍手动作，其中一方向另一方传球，另一方接住球后投球，依次衔接，投球一方全部成功接到球则为"赢家"。在游戏过程中，可以融入相应英语词汇练习，如 action（开始）、winner（赢家）、shoot a basket（投篮）、one two three（一二三）、each other（互相）等。

还可以将游戏改为接力赛或者加时竞赛等。比如，将学生 3 人为一组，分为若干组，要求每人说出相应数字并转圈对应次数，转圈结束后，每人进行投篮，投篮次数与转圈次数相同，结束后，把篮球传递给另一名同学。教师用秒表计时，投篮准确度最高、用时最少的小组获胜。可以在游戏过程中增加相应英语词汇的练习，如 stopwatch（秒表）、fast（加速）、warm-up exercise（热身运动）、extra time（加时赛）等。此外，也可以融入篮球句子，如 "After three months of improvement, the Heat still couldn't beat the short-handed Celtics. But they still have agreat shot of getting the top seed in the East and avoiding Boston and Chicago in the first two rounds. They have more momentum and four more remaining home games than the Celtics."（经过三个多月的提升，热火队还是没能战胜人手不足的凯尔特人队。但是他们依然有取得东部第一的实力，并避免在季后赛前两轮碰到波士顿和芝加哥。他们势头强劲，比凯尔特人队多 4 个主场的比赛）。

游戏十八：圈内接拍球

游戏目的：

（1）训练学生接球的能力，培养他们的接球意识。

（2）增强学生的肢体灵活性，培养他们的方向感，从而提高他们投篮的准确性和运动的协调性。

（3）培养学生的合作能力，增进他们的团队凝聚力，增强他们的集体意识。

（4）提高行进间控制球的能力及熟练度。

游戏材料：

篮球若干颗，呼啦圈若干个，秒表 1 只。

游戏玩法：

玩法一：适用于学前儿童。将学前儿童 2 人一组，分成若干组，分别站在相距 2 米的 A、B 呼啦圈内。A 呼啦圈里的学前儿童向 B 呼啦圈里的学前儿童传球，站在 B 呼啦圈里的学前儿童应在呼啦圈内将球接住，然后传给 A 呼啦圈里的学前儿童，若干组同时进行游戏。游戏采取记分方式，即接到一球记 1 分，未接到球或球掉在呼啦圈外不计分，限时 1 分钟，分数高的小组获胜。

玩法二：适用于小学生。将学生 2 人一组，分成若干组，面对面站在相距 2 米的 A、B 呼啦圈内。站在 A 呼啦圈里的学生一手持球，一手拿起呼啦圈先转 10 次，再将球抛向站在 B 呼啦圈里的学生，B 呼啦圈里的学生将球接住后，一手持球，一手拿起呼啦圈转 10 次，再将球抛向站在 A 呼啦圈里的学生，对方接住抛出去的球才算成功，如此往复循环进行。

玩法三：适用于中学生。将学生 2 人一组，分为若干组，进行接力抛接球。一名学生在呼啦圈内原地拍球 10 次，并将球抛给对方，对方接到球后，双方互换位置。教师在终点计时，完成规定动作后用时最短者获胜，对胜利者进行奖励，对失败者进行相应惩罚。

游戏注意事项：

（1）要根据学生的年龄特点选择呼啦圈，呼啦圈越重不见得效果越好，重点是运动时间要长。也就是呼啦圈要适合学生的体重，以免太重的呼啦圈伤到学生。

（2）进行抛投球时要注意站姿稳定，身体重心分散在两脚之间，手臂自然下垂，手掌向内，手指自然张开。抛投球还要注意用手掌控制球的方向和力度，手指要轻轻弯曲，以保持球的稳定，力度要适中，方向要准确。

（3）呼啦圈大小要适当，方便有足够的空间运动。

（4）原地抛球、拍球时，人和球不得出呼啦圈。

（5）向上抛球的时候注意力道和距离，方便对方可以接到球。

（6）在玩的过程中，要保证游戏的安全性。

（7）教师要恰到好处地使用惩罚。

游戏建议：

将面对面站立抛接球改为背对传接球，这样可以增加游戏的趣味性。比如，A、B 两人一组，A 站在呼啦圈内向站在相距 2 米的呼啦圈内的 B 传球，A 转身，B 也转身在呼啦圈内将球接住，接住后继续把球传向 A，A 转身接球，循环往复，A、B 两人始终为背对传球，转身接球。可以增加人数组队比赛，增强学生团队合作能力。同时融入英语词汇练习，如 hoop(呼啦圈)、action(开始)、back to back(背对背)、catch the ball（接球）。

还可以将呼啦圈缩小，或者将转呼啦圈改为原地大象鼻转圈 10 次。

比如，2 人一组，面对面站在相距 2 米的 2 个呼啦圈内，先原地大象鼻转圈 10 次，再向对方抛球，对方应在原地大象鼻转圈完成后，站在呼啦圈内将球接住，接住后继续抛向对面同学，对方接住抛出去的球才算成功。在游戏过程中也可以增加相应英语词汇练习，教师说一些单词、短语等，如 narrow（缩小）、starting line（起始线）、elephant nose（大象鼻）、turn around（转圈），让学生在感兴趣的活动中学习英语。

也可以将原地抛球改为折返跑运球抛球，且球不得出界。比如，将学生分为 2 人一组，进行接力。要求教师画出跑动范围，学生运球折返跑 10 次，回来后将球抛给对方，对方接到球后，双方互换位置，用时最短者获胜。在游戏过程中可以融入一些单词、短语等，如 out（出界）、back to back（背对背）、narrow the distance（缩小距离）、shuttle run（折返跑）等。也可以融入篮球句子，如 "The Celtics are hurting more on the wings than they are on the interior, but they've been outrebounded by 30 over the last four games. And their offense has been downright ugly over the last nine, scoring just 97.1 points per 100 possessions and turning the ball over 16 times per contest."（虽然凯尔特人队在外线的威胁比内线大得多，但他们过去 4 场比赛在篮板球数上超过对手都达到了 30 个，过去 9 场比赛，他们的进攻完全没有章法，且 100 回合仅得到 97.1 分，而且场均失误达到 16 次）。

游戏十九：精准投篮

游戏目的：

（1）提高学生的球感及投篮能力，促进他们感知能力的发展，提高他们的投篮命中率。

（2）训练学生的反应能力，提高他们的灵活性和运动协调性，使他们处理事情更灵活。

（3）培养学生的规则意识，潜移默化地塑造他们的规则思维。

（4）培养学生的进取精神、竞争意识和团队合作精神。

游戏材料：

圆形盒（直径为40厘米）若干个，秒表1只，篮球若干颗。

游戏玩法：

玩法一：适用于学前儿童。教师让学前儿童排好队，给每名学前儿童发一颗篮球，并拉开安全距离。学前儿童在教师规定的投球线前站好，向圆形盒子（黑框）内依次投球。游戏规定每名学前儿童有10次投球机会，投球姿势、方法不限。投出去的球必须着地后弹入盒中（球着地次数不限）。投出去的球着地弹入盒中，每进一球得1分，得分多者名次排在前面，如果成绩相等，以第一次投球得分为优，以此类推。注意，投球时双脚不得越过投球线，否则判为犯规，得分无效。投球时，学前儿童必须在1分钟之内将10颗球投出，如1分钟到时，10颗球未投完，比赛结束，剩余的球不再投出。

玩法二：适用于小学生。教师先在篮球场（运动场）上划定一个范围，把学生3～5人一组，分成若干组。学生开始跑动运球，在靠近盒子的时候投球，学生投出去的球需要着地后弹入盒中。

玩法三：适用于中学生。将学生3人一组，分为若干组开始接力。学生跑动运球，在靠近盒子的时候投球，且投出去的球需要着地后弹入盒中，回来时需要抱着篮球手摸地，换下一个人。教师在终点计时，完成规定动作用时最短者获胜。对胜利者给予奖励，对失败者给予相应惩罚。

游戏注意事项：

（1）注意提醒学生球必须着地后弹入盒中，不是直接把球投入盒中。

（2）教师要注意给学生讲清楚什么情况下得分、什么情况下不得分、什么情况下是正确操作、什么情况下是错误操作。

（3）做好热身运动，特别是腕部放松，防止运动损伤。

（4）盒子不要太小，适当降低游戏难度。

游戏建议：

可以将篮球换成网球、排球等，学生依然站在投球线把球投出，让球弹入盒子内。可以将静止状态投球改为走动投球，学生可以在盒子周围边转圈边投球，增加游戏的难度和趣味性。在教学中可以融入单词、短语等，如 box（盒子）、ball（球）、ten times（十次）等，让儿童在感兴趣的活动中学习英语。

也可以把盒子缩小，让学生跑动运球时跟着音乐节奏一起律动。音乐开始，学生开始跑动运球，音乐暂停，学生靠近盒子的时候投球，学生投出去的球需要着地后弹入盒中，一共 5 组投球，投球准确者胜利。在教学中可以融入单词、短语等，如 box（盒子）、small（小）、with the music（跟着音乐）等。

还可以将接力赛变成多人接力，增加难度。比如，6 人为一组，若干组同时开始，学生跑动运球，在靠近盒子的时候投球，学生投出去的球需要着地后弹入盒中，回来时需要抱着篮球手摸地，换下一个人。教师用秒表计时，用时最短者获胜。在教学中可以融入单词、短语等，如 lose（失败）、fighting（加油）、relay race（接力赛）、semi-final（半决赛）、touch the floor（摸地）等。也可以融入篮球句子。

游戏二十：折返传接球接力

游戏目的：

（1）提高学生的团队凝聚力，培养他们的团结精神，增强他们的集体意识。

（2）提升学生的传接球能力，提高他们的灵活性。

（3）提升学生协调、速度等方面的身体素质。

（4）培养学生的自信心和坚持不懈的毅力，引导他们积极参与并享受篮球运动的乐趣。

游戏材料：

篮球若干颗。

游戏玩法：

此玩法适用于学前儿童、小学生、中学生。将学生 2 人一组，分成若干组，分别站在底线的两侧出发，双方在移动时进行一次传接球，当双方到达罚球线处，即转身折返回底线，当回到底线处时，将球传给下一组。

游戏注意事项：

（1）教师要注意给学生讲解清楚正确的传接球姿势，让学生掌握传接球的各种类型及其精确动作要领。比如，过顶传球要注意单手持球，手臂伸直，借助身体旋转产生的离心力，击球部位位于手掌中心，避免用手指或手腕过度发力而导致失准，转身观察接球者位置，确保传球轨迹准确覆盖较长距离，投掷瞬间，身体稳定，以免因晃动而影响传球精度。

（2）做好热身运动，防止运动损伤。

（3）传球手法可用胸前传球、击地传球、过顶传球、背后传球、单手或双手低手传球等。

（4）游戏时，要听从教师指挥，不推搡，有团队意识。

（5）在传球的过程中，学生的间隔距离要适当，相邻学生要互相配合，避免球落地，学生要注意安全。

游戏建议：

可以要求学生使用不同的传球方式，如把学生分成人数相等的两组，每组排成一纵队，依次将球从头顶向后传至队尾，队尾学生抱球跑到队首，依次进行，每人跑完一次算完成一轮，用时最短的组获胜。在教学过程中可融入英语单词、短语，如 pass（传球）、underhand pass（低手传球）、reverse pass（反手传球）、give and go（传切配合）等。也可以融入篮球句子，如 "The Lakers came up empty in Orlando on Sunday, but Thursday's game in Boston was clearly the most critical of their seven-game trip. And they won it by controlling the boards（47-36, 16 second-chance points）like they did in the finals eight months ago."（星期天，虽然湖人队没有在奥兰多获得胜利，但周四在波士顿的比赛显然是 7 个客场之旅中最重要的一场。他们通过 47 比 36 的篮板控制和 16 分的二次进攻机会取得胜利，好像 8 个月前的总决赛再次上演）。

游戏二十一：投桃报李

游戏目的：

（1）让学生了解基本的传球、接球概念，让他们掌握基本的传球、接球技巧。

（2）发展学生的观察与判断能力，引导他们自我思考。

（3）培养学生的自信心、团队配合能力，形成规则意识，引导他们积极参与并享受篮球运动的乐趣。

（4）锻炼学生的肌肉力量，促进他们上肢臂力的发展。

（5）提高学生快速传接球的能力，训练他们的反应灵敏性。

游戏材料：

篮球 2 颗。

游戏玩法：

把学生分为人数相等的两队，以 ABAB 的形式相互交错站成一个直径 10 ～ 12 米的圆圈，每队各选出一人手持一球背对背站立在圆圈中央。游戏开始后，圆圈中的学生传球给本队每一个队友，队友接球后，再把球回传给圈中队友，连续进行，直到所有队友都传接一轮。

游戏注意事项：

（1）教师要规定一种传接球的方法，如双手接胸前高度的球要注意眼视来球，两臂迎球伸出，两手手指自然张开，拇指相对成"八"字形，其他手指向前上方，两手成一个半圆形。当手指触球时，两臂顺势屈肘后引缓冲来球的力量，两手持球于胸腹前，成基本站立姿势。

（2）传球时容易犯的错误就是传球太软，传球时要注意找好角度，能看到队友胸前的标志时再传球。

（3）应了解队友，提高传球的预见性。

（4）做好热身运动，防止运动损伤。

（5）圈中人只能在圈内移动且逐一把球传给本队学生，传球失误或违例均算该队失败。

游戏建议：

教师可以提高传接球的要求，如规定圈中学生用击地传球的方式将球传给队友，外圈队友必须用胸前传球的方式回传给圈中队友。可以在教学中融入英语单词或短语，如 pass（传球）、underhand pass（低手传球）、reverse pass（反手传球）、drop pass（击地传球）、chest pass（胸前传球）。也可以融入篮球句子，如 "After struggling through a sloppy first half, the Celtics asserted themselves during the first six minutes of the third quater."（上半场状态低迷的凯尔特人队在第三节伊始的 6 分钟才找回状态）。

游戏二十二：看谁放的球多

游戏目的：

（1）使学生熟悉球性，提高学生对球的感知能力。

（2）培养学生协调、灵敏等身体素质。

（3）培养学生的自信心，引导他们积极参与并享受篮球运动的乐趣。

（4）锻炼学生的快速运球能力，提升敏捷度和灵活性，提高学生对球的熟悉程度，提升学生的传球能力。

游戏材料：

篮球若干颗，标志桶 2 个。

游戏玩法：

将学生分成 A、B 两队，每队以篮球场中线为分界点站好。两队学生在球场两端同时进行游戏。A、B 两队的前两名学生持球，两个点同时出发，快速运球到达标志桶（在三分线弧顶位置间隔 5 米），然后换手到达中线，接着把球放在地上，先到达的学生将球放到罚球线，随即与后到达的学生做行进间胸前传球到中线后，下一组再出发。在规定时间内，半圆内放球多者获胜。

游戏注意事项：

（1）运球时要注意始终将球保持在自己所能控制的范围内，要抬头，并学会左右手都能运球，运球中要掌握好节奏。

（2）队员要确定站在自己队的端线处，注意提醒队员不要站错位置。

（3）做好热身运动，防止运动损伤。

（4）传球过程中注意安全，不要嬉戏打闹。

游戏建议：

可以根据学生情况，适当增加游戏难度，如在中线处设置障碍物，学生运球到中线后做变向或转身运球的动作。在教学过程中可融入英语单词或短语，如 holding（持球）、dribble（运球）、victory（获胜）、demarc（分界点）、centre line（中线）、three-point line（三分线）、free throw line（罚球线）、sign bucket（标志桶）等。也可以融入篮球句子，如 "Dwyane Wade was whistled for a flagrant foul after shoving Garnett in the third quarter."（德韦恩·韦德在第三节推搡加内特，结果被吹了一次犯规）。

游戏二十三：丢手绢

游戏目的：

（1）促进学生基本动作的发展，提高学生身体机能。

（2）提升学生的反应能力及抱球能力，促进其灵活性的提升。

（3）培养学生的自信心、团队配合能力，引导他们积极参与并享受篮球运动的乐趣。

游戏材料：

篮球若干颗，手绢1条。

游戏玩法：

全体学生每人抱一颗球，以篮球场中圈为中心，围圈坐好，听口令开始唱《丢手绢》歌曲，即"丢，丢，丢手绢，轻轻地放在小朋友的后面，大家不要告诉他，快点快点捉住他，快点快点捉住他"。教师指定一名学生为丢手绢者，其一手拿手绢，一手抱球。随着大家的歌声，丢手绢者按顺时针方向在学生围坐成的圈外跑，待大家唱完"轻轻地放在小朋友的后面"时，可任意把手绢悄悄地丢在某一学生身后，待开始唱"快点快点捉住他"时，身后有手绢的学生迅速拿起手绢抱着球去追逐丢手绢者。当丢手绢者跑到被丢手绢者的空位时，可以慢慢抱球蹲坐在这个空位上，这时追者便不能再追。追者换作丢者，游戏继续。

游戏注意事项：

（1）注意《丢手绢》歌词的正确唱法。

（2）丢手绢者要手里抱着球去放手绢，被放手绢者要抱球去追丢手绢者。

（3）在追逐过程中要注意安全，不要做过于激烈的动作，以免发生意外，不要伤害别人，如用力推搡、拍打等。

游戏建议：

可以在原有游戏基础上进行深入挖掘，设计并玩得更复杂一些。可增加难度，由抱球提升为运球跑，甚至跨障碍运球跑。可以将《丢手绢》的中文歌词换成英文歌词，可通过唱英文来练习英语的听说能力。《丢手绢》的英文具体内容如下："Throw the handkerchief, throw the handkerchief,throw the handkerchief, put it back of our friends quietly, we all do not tell her, quickly, quickly catch her, quickly, quickly catch her." 也可以融入篮球句子，如 "Having already lost 11 of its last games to Denver by an average margin of 11.5, the outcome didn't look bright for Memphis when it trailed, 86-69, late in the third quarter."（面对丹佛掘金队，孟菲斯灰熊队11连败，场均输给对手11.5分，本场比赛胜利之光仍然有些暗淡，因为第三节后半段，他们仍然以 69 比 86 落后对手）。

游戏二十四：你来我往

游戏目的：

（1）训练学生对球的感知能力，提高视觉、触觉能力，促进平衡感的获得。

（2）提高学生的运球能力和传球能力，促进速度、耐力的提升。

（3）培养学生的自信心，引导他们积极参与并享受篮球运动的乐趣。

游戏材料：

篮球若干颗，标志桶若干个。

游戏玩法：

把学生 2 人一组，分成若干组，以组为单位进行游戏。2 个标志桶间隔 1 米并按直线摆放。第一组学生站在底线指定位置，持球绕标志桶 "S" 形运球快速前进，到达对面底线后，在标志桶外进行胸前传球，再绕标志桶 "S" 形运球返回，最后把球传给下一组，直至所有组完成，游戏结束。

游戏注意事项：

（1）运球时要注意始终将球保持在自己所能控制的范围内，要抬头，要学会左右手都能运球，运球中要掌握好节奏。

（2）绕标志桶时若球掉了，则应该重新捡起球，从掉球位置继续出发。

（3）运球时尽量选择左右手运球前进。

游戏建议：

可根据学生情况，适当增加游戏难度，如做低运球和高运球。可进行英语单词或短语练习，如 bottom line（底线）、basketball（球）、holding（持球）、dribble（运球）、sign bucket（标志桶）、forward（前进）等。也可以融入篮球句子，如 "The Mavericks lit the nets on fire in the second quarter, Scoring 34 points on 15-for-20（75 percent）shooting."（小牛队第二节比赛手感发烫，以 20 中 15（75%）的投篮取得了 34 分）。

游戏二十五：单双对立

游戏目的：

（1）锻炼学生运动能力，提升跑的速度。

（2）提高学生快速反应的能力，促进灵活性的发展。

（3）提高学生对球的感知能力，使学生球性得到提升。

游戏材料：

篮球若干颗。

游戏玩法：

学生均匀分布沿三分线站立，全体面向圈内，按照 "1、2、3……" 的顺序报数，直到最后一名学生报数完毕，提醒每名学生记住自己的报数号码。游戏开始后，学生按逆时针方向沿三分线抱球走，当教师喊"1"时，单数学生要迅速抱球进入禁区，双数学生要迅速抓住身边的单数学生，不让其进入禁区，如没抓住，抓人者将球抱入禁区，游戏停止。当教师喊"2"时，则与喊单数时的角色互换，即双数学生要迅速抱球进入禁区，单数学生要迅速抓住身边的双数学生，不让其进入禁区，如没抓住，抓人者将球抱入禁区，游戏停止。被抓住的学生要原地站立不动，如判断错误而误跑、误抓，也要停止游戏，站在三分线内，然后其他学生原地重新报数继续游戏。

游戏注意事项：

（1）先做好热身运动，防止运动损伤。

（2）控制好全场节奏，注意掉球学生的动向，随时喊停。

（3）游戏时只允许用手触、拍，在进圈前触、拍到即为抓住。进入禁区时，需人球同时进入。

游戏建议：

教师口令可以改为击掌或吹哨，击一次代表单数，击两次代表双数。对于高年级的学生可提升难度，用加减运算方法所得结果的单双数进行游戏。学生较多时，可全场进行。可练习英语单词和短语，如 holding（持球）、catch（抓到）、stop（停止）、stand（站立）、three-point line（三分线）、anticlockwise（逆时针）、restricted zone（禁区）、even numbers（双数）、odd numbers（单数）等。也可以融入篮球句子，如 "Stojakovic delivered his best performance since joining the Mavericks, scoring a season-high 22 points on 8-for-12 shooting to go with four assists."（斯托亚科维奇取得加盟小牛队以来的最好表现——12 中 8，得到赛季最高的 22 分，还有 4 次助攻）。

游戏二十六：追击者

游戏目的：

（1）锻炼学生的肢体协调性，促进他们身体平衡性的发展，提高他们的身体综合素质。

（2）提高学生快速运球推进的技术，训练他们的身体速度以提高耐力。

（3）培养学生在接球后快速反应的意识，训练他们的反应灵敏度。

游戏材料：

篮球若干颗，标志桶若干个。

游戏玩法：

将学生2人一组，分成若干组。一名学生站在底线后，另一名学生站在标志桶后，由站在底线的学生拿球。底线的学生用双手胸前传球，将球传给标志桶（位于罚球线中点）后的学生，标志桶后的学生接到球后，迅速转身加速运球到对面底线，而传球学生快速地无球加速跑追持球的学生。当2名学生都到达底线，则攻防位置相互转换，再进行一次游戏。中途只要追球学生碰到运球的学生，就算追球的学生获胜；相反，没有追上运球的学生跑到终点，则运球学生获胜。其间追球学生如有推拉等违规动作，则直接判输。

游戏注意事项：

（1）带领学生做好热身运动，叮嘱学生注意安全，防止运动损伤。

（2）在追球过程中，追球学生既不可以对运球学生进行推拉，也不可以进行嬉戏打闹等违规动作。

（3）游戏开始时，底线学生双手胸前传球应当到位，用正确的传球姿势进行。

（4）当接球学生完全接住球时，追球学生才能出发去追。

游戏建议：

可根据学生情况适当调整游戏难度，如持球学生可做变向或转身动作而甩开无球学生。可以在教学中融入英语单词，如 coordinate（协调）、pass（传球）、backcourt（后场）、forecourt（前场）、catch（抓到）、stop（停止）、stand（站立）、wings（侧翼）、assists（助攻）、tie（打成平分）。还可以在游戏教学中融入英语短语，如 follow up（追击）、jump ball（争球）、shot clock（计时器）等。也可以在游戏教学中融入英语句子，如 "I am coming after you."（我来抓你了），并且可以融入篮球句子，如 "On the road you play with those teams, you know you're supposed to win. It's very important to jump on them and start aggressive and make sure you get an early lead."（在客场和这些球队打球，你知道你会赢球，那从一开始就保持进攻势头是很重要的，这会使你较早取得领先）。

游戏二十七：看谁反应快

游戏目的：

（1）锻炼学生的肢体协调性，训练他们上肢、下肢的平衡性，促进他们身体平衡能力的发展。

（2）提高学生的运球能力，促进他们反应速度的提升。

（3）培养学生的自信心、团队配合能力，引导他们积极参与并享受篮球运动的乐趣。

（4）使学生能够控制运球行进的速度，锻炼他们在紧张环境下的机动能力。

游戏材料：

篮球若干颗，小板凳若干。

游戏玩法：

学生围绕板凳进行运球，待教师喊口令，听到口令后，学生迅速抱球抢小板凳，参加游戏的人数比板凳数多一个。以一个班 14 名学生为例，首先在篮球场上放置 13 张小板凳围成一个大圆圈。学生站在底线处，听到教师口令后，迅速抱球抢板凳。没抢到的学生喊下一轮口令并撤出一张小板凳，直到剩下最后一张小板凳，最后抱球坐到小板凳上的学生获胜。

游戏注意事项：

（1）保证凳子数量适应游戏人数，以确保每个学生都有机会参与游戏，避免幼儿相互碰撞或摔跤。

（2）监督学生在游戏过程中的安全性，确保不会发生碰撞或受伤，游戏过程中，教师要随时监督并及时介入解决问题。

（3）带领学生做好热身运动，叮嘱学生注意安全，防止运动损伤。

（4）注意提醒学生不得在抢板凳时推拉其他同学。

（5）在没听到口令前，学生不得停止运球。

游戏建议：

在边运球边跑的过程中，教师可指定学生做高运球或低运球的动作等。可在教学中融入英语单词，如 bench（板凳）、reaction（反应）、dribble（运球）、backboard（篮板）、hoop（篮筐）、net（篮网）、rim（篮圈）、holding（持球）、referee（裁判）等。还可以在游戏教学中融入英语短语，如 scoring table（记录台）、winning streak（连胜纪录）、first round（首轮比赛）等。也可以在游戏教学中融入英语句子，如"I got the bench."（我拿到板凳了），并且可以融入篮球句子，如"While the Raptors were called for 24 personal fouls, the Heat had 14 and the free throw discrepancy showed in the final score of a singe-digit victory."（猛龙队被吹了 24 次个人犯规，而热火队只被吹了 14 次，罚球上的差距体现在比分上，最终，热火队以微弱的优势获得了胜利）。

游戏二十八：听数抱团

游戏目的：

（1）锻炼学生的肢体协调性，增强学生的体质。

（2）提高学生的反应能力，在正确反应的前提下，学会遵守规则，培养他们的规则意识。

（3）提高学生集中注意力的能力，训练他们的专注力，并培养他们的运动兴趣。

游戏材料：

篮球若干颗，用于标记的物品若干个。

游戏玩法：

学生从底线开始排队运球前进，听到口令后，用最快速度抱篮球并按口令到达教师指定位置"抱团"，要求与教师喊的数字相同人数抱团，即教师报"2"，则 2 名学生抱球并抱在一起，若抱团学生与教师喊的数字不一样，则淘汰出局。

游戏注意事项：

（1）教师带领学生做好热身运动，叮嘱学生注意安全，防止运动损伤。注意在此项游戏中秩序的重要性。

（2）注意根据学生的实际情况，适当调整游戏的难度和要求。要鼓励学生积极参与，避免对学生进行过多的批评和指责。

（3）学生不可以去已"抱团"的队伍中，否则视为失败。

（4）可由计算个人胜负改为计算团队胜负。

游戏建议：

对于小学生来说，此项游戏可以指定学生运球到规定区域来判定胜负。对于中学生，教师在学生抱球跑的过程中可以随时发出改变行进路线和方向的指令，以加大游戏难度。可以融入单词进行双语教学，如 team（团队）、order（指令）、count（计数）、carry（携带球）、key（罚球区）等。还可以在游戏教学中融入英语短语，如 defensive rebound（防守篮板球）、offensive rebound（进攻篮板球）、free throw（罚球）等。也可以在游戏教学中融入英语句子，如 "All right, let us get together."（好了，集合），并且可以融入篮球句子，如 "The Raptors fought back in the fourth quarter and kept it close until the end, but there was a break in the intensity of the crowd during that run and the momentum shifted forwards the Heat."（猛龙队在第四节绝地反击并在比赛快结束时紧咬比分，但在高强度的比赛中有一个插曲，之后势头转向了热火队）。

游戏二十九：两人三足接力赛

游戏目的：

（1）锻炼学生的腿部力量，提高下肢的灵活性等。

（2）促进学生身体平衡性的发展，让他们在日常教学中体验平衡。

（3）提升学生的动作协调能力，促进他们配合能力的提高。

（4）提升学生的团队凝聚力，培养他们热爱集体的团结协作精神，增强他们的集体意识。

（5）提高学生抗干扰运球能力。

游戏材料：

标志桶 2 个，篮球 4 颗，绳子若干条。

游戏玩法：

将学生分为人数均等的 A、B 两队，每队又分为 2 人一组，A、B两队分两路纵队站在中线后。A、B 队中的每组学生要把各自一条腿绑在一起，组成"两人三足"的结合体，并各拿一球。听教师哨声响后，A、B 两队第一组学生抱球出发，朝底线方向抱球推进，到达底线绕标志桶后返回中线，将球接力传给第二组，直到所有学生都完成，最先完成的一队获胜。

游戏注意事项：

（1）在正式游戏前，先找个伙伴，把自己的一条腿和伙伴的一条腿绑在一起，一起走一走，感受怎样才能走好，不仅不摔跤，而且走得快。

（2）运动前做好热身，防止运动损伤。

（3）绑腿绳需选择有弹性的绳子，做好安全防护。

（4）两人抱球组成结合体后，往前走时要注意步伐一致，可以采取两人喊口令，保持同一节奏，被绑腿走一步、另一条腿并一步的方法来操作，以免走的过程中绊倒受伤。

游戏建议：

针对不同水平的学生，可以在游戏路线上增加标志桶，规定学生必须"蛇形"绕过或者绕标志桶一周后继续前进。可以结合英语单词进行教学，如 snake（蛇）、centre（中心）、people（人）等。此外，也可以融入一些短语，如 hold the ball and set off（抱球出发）、two people and three legs（两人三足）等。还可以融入篮球句子，如"Houston made four consecutive lay-ups to climb within 101-96 with less than three minutes remaining. But the Sixers responded by scoring six points in a row, allowing the Rockets zero offensive rebounds during this stretch, to put the game out of reach."（终场前不到 3 分钟时，火箭队连续 4 次上篮将比分拉近，仅以 96 比 101 落后 5 分。但 76 人队连得 6 分还以颜色，并在接下来的时间让火箭队没有抢到一个进攻篮板，从而获得这场比赛的胜利）。

游戏三十：抱瓜过河

游戏目的：

（1）训练学生身体的灵活性，使他们的反应能力得到提升。

（2）训练学生的四肢协调性，让他们的动作协调性得到发展。

（3）提高学生的球感和运球能力，训练他们的感知能力，提高他们运动的速度和耐力，进一步增强他们的体质。

游戏材料：

篮球 6 颗。

游戏玩法：

将学生分为人数相同的两队，并使其在端线处列队。每队排头的学生手抱 3 颗篮球，听到口令后移动到中线，将 3 颗篮球放在中线，然后依次运球到对面端线，再将 3 颗球抱起返回本队交给下一个人，下一个人重复相同动作，全队所有队员依次进行，直到最后一名队员完成任务，最先完成的一队获胜。

游戏注意事项：

（1）抱球时要提醒学生进行思考，用什么样的方法抱住 3 颗篮球，在运送过程中才不容易掉下来。

（2）注意提醒学生每次必须抱 3 颗篮球，不可以少抱，这样运送不合规。

（3）搬运时不能掉球，掉球后需把球捡起抱好，再从掉球处重新运球。

（4）运球到端线时不允许抱球跑。

游戏建议：

可以要求第一次运球到端线时单手运一球、第二次双手运两球，也可以在路线上增加标志桶以提高游戏难度。可在教学过程中融入英语单词或短语，如 password（口令）、complete（完成）、victory（获胜）、line up（列队）、holding the ball（抱球）、repeat the same action（重复同样动作）等。此外也可以融入篮球句子，如 "The final playoff round, a best-of-seven series between the victors of both conferences, is known as the NBA Finals, and is held annually in June. The victor in the NBA Finals wins the Larry O'Brien Championship Trophy."（季后赛的最后一轮是在东西部冠军之间进行一个七局四胜制的系列赛，即众所周知的 NBA 总决赛。总决赛在每年 6 月进行，获胜的球队将会赢得拉里·奥布莱恩总冠军奖杯）。

第四章 实践反馈与展望

篮球是一个世界性运动项目，深受人们的喜爱。国际篮联的成员有213个，比国际足联的211个成员还要多。随着篮球运动的普及，各个国家越来越注重儿童篮球兴趣的培养。查阅相关文献发现，许多国家已把篮球项目延伸到了幼儿阶段。中国有着庞大的潜在篮球人口，幼儿篮球被越来越多的幼儿和家庭所接受。随着家长教育观念的改变，运动课程逐渐深入人心，幼儿通过参与篮球运动所得到的身体、心理和社会性的成长赢得了家长和教师的普遍认可。幼儿园篮球特色化打造、幼儿篮球表演、幼儿篮球交流比赛为幼儿篮球运动在我国的普及和提高奠定了良好的基础。如果把幼儿体育比作21世纪生命之花，那么幼儿篮球就是这朵生命之花的花蕊，对于幼儿篮球的追求、探索与认识是一个漫长而有意义的过程。

第一节　教师反馈

《幼儿园教育指导纲要（试行）》和《3～6岁儿童学习与发展指南》鼓励幼儿进行跑跳、钻爬、攀登、投掷、运球等活动，发展幼儿动作的协调性和灵活性。体育活动是促进幼儿身心健康、和谐发展的重要手段。篮球运动作为体育的一个重要项目，不仅可以提升幼儿的健康水平，还可以培养幼儿合作、坚强、团结、拼搏等品质。笔者认为，幼儿花样篮球会对幼儿以后在小学、中学阶段学习篮球产生重要影响，故在这里以幼儿园开展花样篮球工作为切入点，对幼儿园开展花样篮球的情况进行调研，对教师在教学过程中的一些想法和心得体会进行了解，并对10名幼儿园教师的心得体会进行整理，以便为其他幼儿园开展类似工作时提供参考。10名幼儿园教师分别用教师A、教师B、教师C、教师D、教师E、教师F、教师G、教师H、教师I、教师J来代表。经过他们同意，笔者对其心得进行修改并整理如下：

一、教师 A 开展花样篮球课程心得体会

《幼儿园工作规程》指出，幼儿体育活动要努力促进幼儿身体正常发育、机能协调发展、体质增强、心理健康，培养幼儿对体育活动的兴趣。同时，《幼儿园教育指导纲要（试行）》也强调幼儿园要开展丰富的户外游戏和体育活动，培养幼儿参加体育活动的兴趣和习惯，增强体质，提高幼儿对环境的适应能力。篮球作为一种全身运动，有助于培养参与者团结友爱的集体主义精神和严格的组织纪律性，勇敢、顽强、机智、果断的意志品质，敏锐的观察力、判断力等，能够促进人体速度、耐力、灵敏、协调性等多方面素质的全面发展。为此，应在幼儿园开展适宜的篮球运动并为其设计多样的运动方式，使其包含多重教育价值。篮球运动是一个锻炼效果好、游戏性强、竞争激烈、形式灵活、不受人数和水平限制且深受儿童、青少年喜爱的运动项目。它对提高幼儿体能、发展幼儿优良意志品质、促进幼儿社会适应能力等方面具有独特作用。根据《3～6岁儿童学习与发展指南》的学习目标及要求，从培养兴趣，促进身心发展，帮助幼儿逐步养成积极主动、认真专注、不怕困难、敢于探索和尝试的优良品质的角度出发，我园开设了花样篮球课程，开展了篮球对抗赛等活动。

从开展目标来讲，我园通过园务会议征询教师们的意见，制订了以篮球为基础来促进幼儿身体发展的目标。具体目标如下：第一，由于篮球运动依赖准确的拍、传、接、投、运及起动、快跑、转身和急停等动作，故在幼儿阶段以篮球为基础进行篮球运动的训练，一方面能够增强幼儿的身体素质，提升器官的功能；另一方面能够弥补幼儿园体育锻炼中注重发展下肢而忽视发展上肢功能的不足，进而促进幼儿的全面发展。第二，始终坚持通过丰富多彩的体育运动和游戏来培养幼儿创新、竞争、合作的意识，促进其自尊心、自信心及抗挫能力的发展。丰富多彩的体育运动和游戏体现在幼儿园教师要善于设计和组织具有基础性、兴趣性、科学性和综合性的体育活动，为幼儿提供

锻炼钻、爬、走、跑、跳、投等多方面运动技能的机会，从而通过以开心快乐为主的运动来促进幼儿身心的发展，进一步实现身心愉悦、智力发展、道德提升、个性发展等，达到德、智、体、美、劳全面发展的"五好"儿童教育目标。

从开展思路来讲，我园以花样篮球为主来开展特色活动。我园以熟悉篮球的球性练习来培养幼儿的兴趣，开展相关具有特色的教学活动。由于幼儿年龄小，手部和腿部力量不足，让其进行对抗性比赛有一定难度，所以我园结合幼儿的年龄及生理运动特点，同时立足《幼儿园教育指导纲要（试行）》所提出的"用幼儿感兴趣的方式发展基本动作"的文件精神，对花样篮球课程开展进行了尝试探索。

第一步，制订篮球教学的总目标。具体目标如下：第一，让每名幼儿都能够积极主动地与同伴一起投入篮球活动，对篮球活动产生浓厚兴趣；第二，让幼儿积极探索与同伴运球的各种方法，具备良好的协调、灵敏等身体素质，培养团结合作、遵守规则、活泼开朗的良好品质；第三，丰富幼儿篮球运动的方式，提高幼儿玩球的多样性；第四，了解篮球比赛规则，学习灵活运球的方法，能进行一对一对抗，在练习中培养竞争意识；第五，让幼儿在掌握运动技能和进行身体锻炼的同时，体验运动的各种乐趣，感受到运动的快乐，并树立终身参加体育实践的志向，形成锻炼身体的习惯。

第二步，拟定篮球教学的方法策略。在教学过程中，教师先进行示范，让幼儿对示范有整体认识；再进行局部学习，如将上肢动作、下肢动作进行分解，一步一步学习，从而实现从局部认识到整体认识的升华；接着让幼儿整体练习，教师进行个别指导，直到幼儿练习熟练并进行巩固练习后，再集中幼儿进行整体练习，从而达到整体提高的目的。在练习过程中可以配合儿歌辅导法，从而引发幼儿的学习兴趣，提高幼儿的学习效果。例如，把篮球类动作的要领、规则等编成朗朗上口的儿歌，将儿歌与打篮球的基本动作和技能结合起来进行练习，可以达到在理解儿歌内容的同时理解和记忆动作要领或游戏规则。

在幼儿练习篮球过程中，还可以采用灵活多样的方式，如可以进行单独练习、对练、小组练习等，帮助幼儿掌握相关知识和技能，促进幼儿身心全面和谐发展。另外，教师要加强对自身的篮球培训，要认真参与每一次园内的篮球教研和培训，要严格要求自己学习并掌握篮球的基本知识点和动作要领，逐步培养自己的参与意识，提高参与活动的积极性，促进自己专业的发展。同时，教师要在实践中积极总结经验，将经验进行升华，形成具有园本特色的花样篮球课程。

从开展的具体方法来讲，让幼儿在游戏中学习是一种比较有效的方法。为了提高幼儿的学习兴趣，我园采用游戏教学法，让幼儿在游戏中玩，在游戏中体验趣味学习，在技能中体会玩的乐趣，从而在无形中学习技能。在实践学习中发现，幼儿既会被坐地拍球、站高物拍球、拍球转圈、圈内拍球、绕障碍物拍球、拍球抢球等吸引，也会被个人运球技术吸引，如定点左右手运球、右手直线运球返回换左手运球、运球曲线前进、快速运球前进、急运急停运球等。这些动作能够让幼儿简单了解篮球运动规则，锻炼幼儿的上下肢力量，为制订切实可行的技能训练方法奠定基础。探索出一套适合幼儿年龄特征的课程计划非常有必要。因此，在对幼儿进行篮球教学时，我认为小班幼儿应以双手滚球、双手拍球和原地拍球为主，中班幼儿应以滚接球、抛接球、原地变化拍球和直线运球为主，大班幼儿应以单手滚接球，各种抛接球、投准、曲线运球为主。在教学中，教师可以带幼儿玩一些有趣味的篮球游戏，如一人玩球、两人玩球、多人玩球等。

（1）一人玩球。①手和脚的变化练习。高运球、低运球、蹲下运球、坐地拍球、单脚运球、双手运球、双脚跳跃运球、后踢腿运球、原地双手交换运球、单双手抛接球、转身拍球、前后左右运球、双手交替运球、地滚"8"字绕球。②利用障碍物练习。钻山洞运球、绕障碍物运球、跨障碍物运球、在高低平衡木上运球、在轮胎上运球、在垫子上运球。③球不碰地练习。下巴夹球、肩上下夹球、手肘夹球、双手夹球跳、双腿夹球、双膝夹球、双腕夹球跳、三环绕球、单双手抛接球。

（2）两人玩球。①运球练习。两人绕高低运球、两人面对面牵手运球、两人平行牵手运球、两人握手运球、一对一抢断球、两人一球滚接、两人两球滚接、两人胸前传接球、两人击地传接球。②夹球练习。背靠背夹球、胸前夹球、侧肩夹球、侧身夹球、侧脚夹球。

（3）多人玩球。①运球练习。组合钻山洞运球、绕障碍物运球接力、变方向运球接力。②传球练习。头上传球接力投篮、胯下传球接力投篮、侧身传球接力投篮。

从花样篮球活动开展后的收获来讲，我和幼儿都受益了。比如，接触花样篮球活动一年多以来，我学到了很多篮球知识，提高了自己的篮球技能，教学能力也得到了进一步提升；幼儿在玩球过程中，上下肢力量得到了充分发展，不仅提高了身体素质，也激发了他们对篮球的兴趣，培养了他们勇敢、顽强、机智、果断的意志品质，提升了其观察力、判断力和反应能力，提高了身体运动的速度、耐力、灵敏度、协调性等。

二、教师 B 开展花样篮球课程心得体会

自 2015 年开园以来，幼儿园一直以开展幼儿花样篮球为特色，成为幼儿园乃至整个县幼儿教育的一大特色亮点。花样篮球的开展不仅能够为幼儿提供参与体育锻炼的机会，还能够培养他们的团队合作精神和创新思维。我认为可以通过以下几方面在日常活动中开展好花样篮球教学：

第一，开学初要制订详细的计划。该计划包括具体的教学内容、训练计划、训练时间安排及特色亮点活动等。具体的教学内容既包括幼儿篮球对抗赛中的技术训练、战术训练及团队合作训练等方面，也包括幼儿花样篮球的篮球技巧技能训练、花式篮球操的编排等。在制订具体教学内容的同时，我园还根据实践经验创编了一首以花样篮球为主题的名为《小篮球，大梦想》的儿歌，作为幼儿进行篮球运动的伴曲，让幼儿在听着篮球之歌的同时做着娴熟的篮球动作。在制订计划

的同时还要考虑安全因素。我们经常提到"安全无小事"。在开展篮球运动时需要确保活动的安全性，采取必要的安全措施。例如，在训练前对幼儿进行安全教育，不做危险动作，学会躲避，加强反应能力训练；摔跤或发生碰撞出现不适感要及时报告老师；进行篮球运动时穿合适舒适的衣物、鞋子等。制订计划时除了考虑安全因素，还要考虑多与家长沟通，与家长达成共识，共同教幼儿学习篮球。

第二，邀请专业教练员对教师和幼儿进行培训和训练。重视专业性是我园的特色。由于幼儿花样篮球是一个技术性较强的体育运动项目，需要找到适合幼儿年龄发展阶段的方法，对此可以将专业与实践相结合。所以，幼儿园聘请了专业的篮球教练员，在课堂上对教师的教学进行指导，在实践中手把手将教师带出来，从而全面提升教师和幼儿的篮球技能水平。

第三，在教幼儿花样篮球时，会根据幼儿的年龄和实际情况来制订相应的教学计划。对于年龄较小的幼儿，我们会着重培养幼儿对篮球运动的兴趣，重视基础技术的训练，通过篮球游戏、篮球操等方式逐步引导幼儿熟练掌握基本的运球、传球和投篮动作。对于大班的幼儿，我们会逐步引导他们进行复杂的技术训练和战术演练，培养他们的篮球技能，增加他们的比赛经验。

第四，与家长沟通是非常重要的一环。我们通过家长会、班级微信群、家访、电话等渠道与家长进行及时沟通，告知家长关于花样篮球活动的信息和安排。我们邀请家长参与幼儿的训练、比赛及各类篮球活动，让家长通过篮球运动了解幼儿的成长情况，增加家园互动的机会。

第五，每次都精心规划和组织大型活动的准备工作。开展活动前召开活动筹备会议、制订活动方案、明确各个环节的活动负责人及负责事项等，安排教师带领幼儿进行系统的排练和训练并进行节目策划编排，确保幼儿在活动中能够发挥出更好水平。在规划和组织活动过程中，难免会遇到一些困难和挑战。比如，幼儿可能面临技术不好、训练时间不足等问题，而教师可能面临教学方法不当、缺少专业的篮球知识和良好的篮球技能等问题。为了克服这些困难和挑战，我们举办交流研讨会，请经验丰富的教师或专业的篮球教练员进行经验分享和指导。此外，我们也鼓励幼儿在家进行简单的篮球技能练习，提高幼儿篮球技术水平。通过精心规划和组织，以及不懈的探索和实践，幼儿园的幼儿花样篮球取得了一些成绩。例如，幼儿和教师花样篮球的技术水平有了明显提高，在各种大、中、小型活动中，幼儿花样篮球的表演得到了台下观众的好评，并且在各类比赛中获得可喜的成绩。

第六，在平时的教学活动中，教师、家长、幼儿三者的相互配合也非常重要。教师要发挥引领作用，引导幼儿充分发挥自己的潜能，鼓励他们克服困难，不轻易放弃，培养吃苦耐劳的精神。家长要在配合教师工作的同时，积极鼓励幼儿，给予其全方位支持，不断让幼儿体会成功的快乐，从而不断进步和成长。

每次成功的活动都会给幼儿带来一定成就感。当看到幼儿通过自己的努力取得进步时，看到幼儿在球场上挥汗如雨时，看到幼儿在球场上奔跑而不畏摔倒、不轻言放弃时，看到幼儿在球场上紧密配合时，我都感到十分骄傲与欣慰，也为孩子们感到自豪，并默默地想到自己是否像他们这般勇敢，是否有他们在球场上的拼搏精神。看到幼儿在活动中展示自己的才艺、受到观众的赞赏，我也深深地被他们感动着，愈加坚信花样篮球活动能够给幼儿带来更多益处。

总之，开展花样篮球活动需要制订好计划，进行精心的筹备和组织，在教师、家长、幼儿等多方面的共同努力下，将其开展得更好。在实践中探索发现，共同努力的结果是教师得到了提升和成长，幼儿得到了自信和进步，家长体验到了育儿的成功。相信在不断摸索中，未来一定能够收获更好、更加优异的成绩，幼儿也会有更多机会来表现和展示自己，在花样篮球活动中获得更多不一样的体验，从而丰富自己的童年生活，让自己更快乐、更健康地成长。

三、教师 C 开展花样篮球课程心得体会

球类游戏在幼儿的身心发展中起到重要作用，它不仅给幼儿带来了很多乐趣，而且在乐趣中能够训练幼儿的头脑反应能力、手眼协调能力和各种动作技巧。为了有效开展幼儿篮球活动，我园教师不仅关注幼儿对篮球活动的需求，而且能够准确理解幼儿的需求，运用运动学科知识，选择适宜的教学策略来激发幼儿对篮球活动的兴趣，从而发展幼儿的运动技能，提升幼儿的身体素质。

相较于其他活动而言，花样篮球所需要的空间及设施都较为简单，只需要一颗篮球、一块空地就可以开展，并且保证尽可能多的幼儿参与，是幼儿教学中不可多得的活动方式。同时，花样篮球的游戏规则相对自由，可由教师及幼儿自由设置。对于小班，游戏规则可以设置得相对简单；从小班到中班，再到大班，游戏规则的设置难度逐级递增。

我园花样篮球特色活动以帮助幼儿身心健康发展、强身健体为目的，以调动幼儿参加体育活动的兴趣为宗旨，以提高幼儿的身体素质为终极目标，在活动中注重幼儿四肢的动作协调发展，从多方面来保证幼儿的全面发展。我园通过丰富多彩的篮球活动，培养幼儿的创新意识、竞争意识、合作意识及合作能力，提高幼儿的抗挫折能力，进一步促使幼儿形成良好的判断力和反应能力，让幼儿体会到篮球运动的乐趣，从而让幼儿爱上篮球运动。我园通过篮球锻炼了幼儿跑、跳、拍等多种身体运动能力，提高了幼儿速度、耐力、灵活性、协调性等多方面素质。

通过在实践中对花样篮球活动的摸索，我认为，在幼儿园阶段，让幼儿进行适当的体育锻炼非常必要。花样篮球在幼儿园作为一项娱乐性、健身性很强的球类活动，不仅可以让幼儿锻炼身体，而且迎合了幼儿爱玩的天性。幼儿对于球类活动的喜欢是与生俱来的，但由于年纪尚小，肌肉力量不足，无法进行经典的球类运动，而花样篮球理

念的提出完美解决了以上问题。有趣的花样篮球使篮球运动不仅侧重力量与速度，还能融合多种球类玩法，从多方面发展幼儿跑、跳、拍、投等方面的技能，符合《3～6岁儿童学习与发展指南》中提到的幼儿在动作发展方面要"具有一定的平衡能力，动作协调、灵敏""具有一定的力量和耐力"，并且"手的动作灵活协调"。有趣的花样篮球集锻炼与游戏于一体，不仅能激发幼儿对篮球活动的兴趣，而且对增强幼儿肢体的协调能力及培养幼儿的坚忍品格有非常重要的作用。

根据我园的教学目标及幼儿特点，教师应从幼儿拍球入手，逐渐提高幼儿对玩球的兴趣，激发幼儿寻找球的多种玩法。具体做法如下：第一，从最简单的拍球入手，训练幼儿基本的玩球技能，其拍球动作的基本要领是"前臂、手腕、手背等部位的肌肉共同协调用力将球拍起，当球从地面反弹起来时，手要自然地随着球向上抬起缓冲，再向下拍球"。在实践中，我发现，幼儿初学此动作时，用力部位常常不当，有的幼儿用整个手臂拍球，有的幼儿手腕动作不好，整个身体不够放松舒展，导致球越拍越低等。因而，教师要指导幼儿拍好球，就要对拍球的动作要领烂熟于心，对于动作的重难点了如指掌。比如，教手腕的动作时，需要教师重复示范给幼儿看，幼儿看完后再试着做，在做的过程中，教师要放手不放眼，发现错误动作及时纠正。第二，要充分发挥幼儿的想象力，利用家长资源充分挖掘篮球的各种玩法。球的玩法多种多样，并不局限在拍球，单一的拍球会使幼儿感到枯燥乏味，所以在幼儿基本拍球技能达到一定水平后，教师可以鼓励幼儿想想球还可以怎么玩。例如，双脚夹球跳、单手原地转球、坐球自转、抛接球、胯下滚球、顶球走、接龙比赛等都是幼儿非常喜欢的玩法。

经过几年实践，花样篮球对于我所在的幼儿园的教师和幼儿来说是一个非常有意义的项目。在园长的带领下，幼儿园成功举办了6届篮球节，引起了社会的广泛关注；教师也从一个个不会拍球、不懂球性的"小白"到现在懂得许多篮球技能，并且能带领幼儿一起玩球和耍球的人；幼儿参加了××市举办的首届幼儿篮球比赛，并取得了"金奖"

的好成绩。一届届的幼儿带着篮球走出大山，走出乡镇，走向更大的舞台。

总之，花样篮球运动已经成为我所在幼儿园教育必不可少的一个项目，已成为特色。幼儿园的教师在篮球特色教学中更要善于抓住幼儿的多种心理特点，对幼儿进行适时引导，采取有效的措施及适宜的教学方法，培养幼儿对篮球运动的兴趣，使得花样篮球特色活动不仅仅作为幼儿的一项娱乐活动，更能通过花样篮球来培养幼儿的合作能力、组织能力及思维能力，从多方面来健全幼儿的品格，让花样篮球在幼儿园继续繁荣，枝繁叶茂。

四、教师 D 开展花样篮球课程心得体会

我所在的幼儿园开展花样篮球活动已有一年时间，在这一年中，我感到受益不少。一年来，每一次篮球技能培训、篮球对抗赛、篮球文化活动等我都参加了，每一次活动对于我来说都是一个转折点。这些活动激励着我在日后教学中学以致用，学会理论联系实际，用正确的方式方法来教育幼儿。这些活动也让我体会到要让幼儿在快乐中成长，在游戏中学习。教师要在游戏中去启迪幼儿的智慧，开发他们的智力。

依据《幼儿园教育指导纲要（试行）》和《3～6岁儿童学习与发展指南》等文件精神，结合自身特色，2017年，我园开展了××省"十二五"规划课题"花样篮球特色课程建构的实践研究"。在完成课题研究的过程中，我们遵循幼儿的身心发展规律，本着"让每一个生命自然、自主、健康成长"的育人目标，不断审议与探索，构建了适宜幼儿学习与发展的篮球游戏园本课程。教师的课程实施能力通过层层设计、聚焦教研、多方联动、评价反馈来不断提升。

我园以教科研为依托，以维果茨基的最近发展区理论为依据，结合小班、中班、大班各年龄段幼儿的学习特点、发展水平来建构园本课程。具体来说，我园根据幼儿的年龄特点制订每个学期科学适宜的

篮球课程目标、内容、实施路径及评价体系；通过环境打造建设篮球场、篮球馆等；通过课程活动开展篮球操、篮球对抗赛、篮球技能的日常练习等；通过家园联动联合家长做好假期篮球技能的巩固练习等；通过多种途径开展篮球游戏活动，将基本动作、技能发展、意志品质的培养等融入幼儿篮球游戏中，从而建构适合我园幼儿发展的园本课程。

我是这样开展花样篮球工作的：第一，小班以开展基础的球类游戏活动为主，以吸引幼儿对篮球活动的兴趣；中班尝试设计一些具有挑战性的游戏活动，让幼儿在快乐的游戏情境中锻炼身体；大班组织一些有竞赛性质的篮球游戏活动，在提升篮球运动技能的同时，培养幼儿的团队合作意识。每周，小、中、大班各预设 1～2 次篮球游戏活动，活动内容符合幼儿的年龄特点，形式丰富多样，以充分调动幼儿参与活动的积极性。第二，将篮球融入一日生活中，在日常生活中进行游戏活动。例如，在晨练时间，幼儿拍一拍篮球，练习基本动作；在早操时间跳一跳花式篮球韵律操等。采用灵活多样的方式来玩球，如玩"你抛我接、自抛自接、双手拍球、手指拍球、数数拍球"等游戏活动。第三，将篮球融入区域游戏活动中。例如，在科学区进行物体滚动实验，在数学区测量篮球场、设计篮球编号等，在美工区围绕"小篮球，大梦想"主题进行创作。在各区域投放与篮球相关的材料，让幼儿在玩篮球、画篮球、讲篮球、设计篮球服、阅读篮球绘本的过程中走近篮球、了解篮球、喜欢篮球。第四，将篮球融入主题游戏活动中。每学期小、中、大班三个年级按照不同年龄段幼儿的年龄特点制订一系列篮球主题活动，如利用晨谈时间来丰富幼儿对篮球运动的认知，激发其对篮球运动的兴趣，让他们在环境和材料的互动中促进身心的多元发展。第五，将篮球融入特色游戏活动中。按年龄段开展篮球运动操比赛，将篮球融入环境创设，布置教室和幼儿园。有效利用园内空间，在走廊、楼梯转角处、活动区等，创设形式多样的篮球文化环境，如篮球文化墙、篮球主题区域、篮球文化长廊等，将篮球知识、篮球规则、篮球礼仪、篮球活动等融入以上环境中，进一步促进篮球活动的多元化。

通过一年的花样篮球教学，我逐渐发现篮球运动可以增加幼儿的肌肉力量和骨骼密度，促进幼儿的生长发育，提升幼儿的有氧运动能力，增强幼儿的心肺功能，提高幼儿的免疫力，进而促进其新陈代谢。

我们带领大班幼儿打篮球对抗赛时发现，幼儿身体的协调性、学习专注度、学习能力等得到了提高，不良的行为习惯得到了改善。通过花样篮球运动，幼儿能学到许多优良品格，塑造健全的人格，变得更加自信、勇敢，并学会团结合作。

总之，幼儿在篮球运动过程中能够习得自信、勇敢、合作、团结等良好品质，促进身心的健康和谐发展。教师要以幼儿喜欢的方式引导其与篮球积极互动，激发他们对篮球运动的兴趣，让他们积极地参与篮球运动。

五、教师 E 开展花样篮球课程心得体会

从入职幼儿园的第一天开始，我就知道幼儿园的办园思想是按教育部《3～6岁儿童学习与发展指南》的文件精神来确定的，以独特的理念作为办学风格。幼儿园提出了"要办出自己的特色课程，让幼儿得到身心全面发展"的教育理念，决定将花样篮球作为幼儿园的园本特色来开展教学活动。此项活动的开展必须依据《3～6岁儿童学习与发展指南》来梳理清楚园本课程的着力点，以《幼儿园教育指导纲要（试行）》明确提出的"幼儿园必须把保护幼儿的生命和促进幼儿的健康放在工作的首位"为指引，全面带领教师开展好花样篮球特色活动。

篮球运动是一种比较普遍的体育运动，涵盖了跑、跳、钻、爬、拍、投等多种身体运动形式。这些运动形式也是《3～6岁儿童学习与发展指南》中所规定的。这些运动技能可以全面、有效、综合地促进幼儿身体素质和机能的全面发展，让幼儿有一个健康的身体。篮球运动也是一项集体活动，不仅有队员之间的合作，也有与对手的竞争

和对抗。这些练习和比赛使幼儿的个性、自信心、情绪控制、意志力、进取心、凝聚力、自我控制与约束等方面得到良好的发展，能培养幼儿团结拼搏、努力协作、文明自律、遵纪守法、尊重他人等良好道德品质和集体主义精神。对此，我园积极开展花样篮球活动。

我在教学中感悟颇多，在这里分享一下我的经历和心得。我所带的班级为大班，由于大班幼儿更具有规则、竞赛意识，所以大班幼儿较为适合进行花样篮球活动。通过以篮球为载体，利用篮球进行一物多玩，使幼儿在"玩球"过程中激起对篮球的兴趣；通过掌握篮球的运球、投篮、防守等基本技能，以及通过花样篮球游戏的合作与对抗，培养大班幼儿的合作意识和自信，以及不怕输的意志品质。然而，篮球运动涵盖运球、投篮、防守、脚步移动等技能技巧，要掌握这些技能技巧，就需要幼儿进行不断的练习和训练。对于大班幼儿来说，要掌握这些技能技巧还是比较困难的。对此，需要激发幼儿学习篮球的兴趣。那么，如何激发幼儿学习篮球的兴趣？我从以下几方面来谈谈个人在篮球教学中的体会，与大家分享：

第一，让环境来影响幼儿对篮球的态度。在进行篮球教学初期，可以在班级环境中开设一块篮球专区，在其中张贴篮球明星海报，并设立篮球新闻每周播报，要求幼儿每周播报一则关于篮球运动的新闻，并将播报的新闻进行墙面张贴，在班级墙面环境中体现篮球，从而在班级里逐渐形成一股篮球风，让幼儿在班级的氛围中体会篮球。此外，每周还可以组织幼儿观看篮球比赛转播，让幼儿了解篮球，从而引起幼儿对篮球的兴趣，激起他们学习篮球的欲望。在激起幼儿对学习篮球的兴趣之后，代入相应的角色对幼儿来说也至关重要。比如，可以让幼儿进入篮球运动员角色——我是小小运动员。在篮球教学的整个过程中，都要以"我们是一支篮球队，我们是一支队伍"的概念告诉幼儿，"老师就是教练员，你们就是运动员"。比如，在教学中，我们可以将幼儿分成男女两队，男队为"中国男子篮球队"，女队为"中国女子篮球队"。当幼儿听到老师喊"中国男子篮球队"或"中国女子篮球队"时，会显得尤为自豪和骄傲。

第二，篮球技巧讲解儿歌故事化。在篮球教学中，用传统方法讲解一些技巧动作，幼儿往往不能理解。比如，拍球的基本要点为"五指分开，放在球上，掌心空出，手腕手臂配合拍球"，如果将这样的要点作为篮球教学中的指导语，很明显幼儿难以接受。如果采用故事化的方式将枯燥的拍球技巧进行简化，并配合儿歌让幼儿熟记于心，那么"五指分开，放在球上，掌心空出，手腕手臂配合拍球"可以转化成儿歌"小手小手拿出来，变成小伞弯起来，小伞放到篮球上，篮球宝宝跳起来"。将要点儿歌化后，幼儿就更容易理解。在教学过程中，将篮球技巧儿歌和教师的示范配合指导结合起来，一边示范练习，一边朗读儿歌，可以使幼儿的学习兴趣得以提升。虽然儿歌中的技巧元素没有全部体现出拍篮球的技巧，但此时对幼儿来说拍球练习已经不再枯燥，幼儿也有了学习的动力。再如，在胸前传球和接球的练习中，对于手腕手臂的运用也可以利用儿歌来进行渗透，儿歌朗朗上口，能有效地让幼儿掌握传球和接球的技巧，消除幼儿在传球和接球中产生的退缩和恐惧感。例如，儿歌胸前传球练习有"小球放胸口，拇指向下走，数到一、二、三，手腕向前翻"；儿歌胸前接球练习有"一只小脚向前迈，两只小手伸出来，篮球飞来两边接，碰到球后收回来"。从中可以知道，儿歌非常巧妙地将传球和接球技巧进行了简化，让幼儿学起来更有兴趣。通过儿歌化教学，幼儿便能很形象地记住篮球技巧，走到哪里就将这些儿歌念到哪里，从而激发幼儿学习篮球的兴趣。

第三，技巧训练游戏化。由于幼儿的天性是爱玩，玩的本质是通过游戏来体现的，幼儿在一日活动中大多数时间是在游戏，所以篮球教学要与游戏结合起来，将游戏融入篮球教学，才能使幼儿在快乐的氛围中学习篮球。将篮球技巧动作设计成游戏是幼儿学习篮球的主要方法。如果简单地通过儿歌和教授的方式来练习横向移动，那么幼儿很难在一项教学活动中熟悉动作要领。如果将横向移动这一技巧和幼儿平时熟悉的游戏相结合，体现"玩中学，学中玩"的理念，那么幼儿

111

的理解力及学习兴趣就会提升。可以将"老鹰捉小鸡"的游戏运用到横向移动训练中，此项游戏可以作为横向移动技巧训练的铺垫。再如，在拍球的练习中要求幼儿的身体重心降低。如果直接要求幼儿将身体重心降低，对于幼儿来说很难掌握降低的高度，同时在重心降低过程中，对幼儿的身体控制力也是一个挑战，容易使幼儿坚持不住。因而我们可以结合幼儿在生活中喜欢模仿的特点，与幼儿进行一个老爷爷、老奶奶走路的模仿游戏，让幼儿在游戏中适应拍球的高度，这样就解决了幼儿身体重心降低的拍球练习问题。

总之，兴趣是幼儿最好的老师，篮球运动也是幼儿拥有健康身体和良好品质的一种很好的载体。通过好玩有趣的篮球教学活动，幼儿能够喜欢篮球、喜欢运动，从而拥有健康的体魄和坚毅、自信的品质。

在教师的精心教学下，在幼儿的浓烈兴趣下，我园开展的花样篮球园本课程也取得了较好成绩。例如，我园成功举办了6届篮球节；申报的"十二五"规划课题《农村幼儿园"花样篮球"园本课程的开发与利用》成功结题；创作了《篮球之歌》，即"抱起篮球我健康，玩起篮球我最棒，不管风雨有多少，活力放光芒，喜欢看你拍篮球，喜欢看你练技巧，每个孩子都拥有，灿烂的微笑，你笑起来真好看，球技花样多，把所有的球技喜欢的动作，统统都展现，你笑起来真好看，像春天的鲜花，快乐的篮球让我插上梦想的翅膀"。

六、教师 F 开展花样篮球课程心得体会

我是一个善于观察的老师。我对幼儿也有自己的理解，如小班的幼儿刚从家庭生活中向幼儿园生活过渡，会出现不愿意来幼儿园、不习惯集体生活等许多不适应的问题。为了使这些幼儿能够尽快稳定，适应幼儿园集体生活，养成良好的行为习惯，要让幼儿有个健康的体魄。自 2015 年开园以来，幼儿园一直以开展幼儿花样篮球为特色，成为全乡、全县的一大特色。花样篮球的开展不仅能够为幼儿提供参与体育锻炼的机会，还能够培养他们的团队合作精神、领导能力和创新

思维。在一线的教学训练过程中，我的感悟如下：

在花样篮球教学的开始阶段应以篮球基本功练习为主，让幼儿的左右手都能动起来。实践证明，只要坚持长期练习，就能有效提高幼儿的双手控球能力，促进幼儿身体全面发展。篮球训练的形式很多，练习时应考虑面向全体幼儿，因此在难度上不宜过高，要让幼儿通过练习都能学会动作，获得成就感。通过教学实践，本园幼儿的篮球技能水平得到了大幅度提升。

教学中应采取多种手段调动幼儿兴趣，提高幼儿篮球技能。第一，发挥小老师的大作用。在训练的开始阶段，先从各班选取一些对花样篮球有浓厚兴趣的幼儿，通过一段时间的练习，让他们掌握基本技术，成为小老师，然后让其带动其他幼儿练习篮球技能。练习时把全班分为若干小组，让拍球拍得好的幼儿做小组长来教技能弱一点的幼儿。童心相通，幼儿的积极性很高。经过实践，这一方法效果较好。第二，教学中遵循循序渐进的原则。练习花样篮球应注意由浅入深、由慢到快。花样篮球的动作很多，进行每一个动作的练习都应该遵循循序渐进的原则。在练球时，有些幼儿出现注意力不集中、喜欢开小差、专注力不足、不能融入进去等不足。针对这些不足，我从熟悉球性开始，初期以运球为主，中期将上篮和传球作为主要技能来训练幼儿，幼儿有了一定球性，再慢慢锻炼投篮。其中让我印象最深的就是园长每天让幼儿进行篮球对抗赛，其特有的吸引力能够激发幼儿对运动的主动性和积极性，由此可见，园长的坚持是有道理的。在促进幼儿身体生长发育和磨炼意志的同时，也能培养他们坚强勇敢、团结合作的精神。在对抗赛的赛场上，小球员们毫不怯场，全力以赴，拼搏奋进，不断防守、进攻、投篮……完全沉浸在篮球运动中。

从小练习篮球，既让幼儿锻炼了身体，也为今后他们参加篮球运动打下了基础。父母在家陪着幼儿一起练球也是很好的亲子活动。我们根据篮球特色活动的经验，创编了一曲《小篮球，大梦想》的篮球之歌，让幼儿伴随着耳熟能详的歌声进行篮球技能技巧的训练。

总之，通过持续努力和不懈探索，我园的幼儿花样篮球取得了优异成绩，幼儿和教师在花样篮球方面的技术水平和表现有了明显的提高。在大型活动中，幼儿的表演得到了社会上的一致好评。

七、教师 G 开展花样篮球课程心得体会

《幼儿园工作规程》中指出，幼儿园保育和教育的主要目标之一是"促进幼儿身体正常发育和机能的协调发展，增强体质。培养良好的生活习惯、卫生习惯和参加体育活动的兴趣"。同时，《幼儿园教育与指导纲要（试行）》中强调幼儿园要"开展丰富的户外游戏和体育活动，培养幼儿参加体育活动的兴趣和习惯，增强体质，提高对环境的适应能力"。篮球作为一种全身运动，有助于培养参与者团结友爱的集体主义精神和严格的组织纪律性；有助于培养勇敢顽强、机智果断的意志品质；有助于培养敏锐的观察力、判断力和反应能力；有助于促进人体速度、耐力、灵敏、协调性等多方面素质的全面发展。因此，适宜的、具有多重教育价值的篮球运动值得在幼儿园教育中尝试和推广。那么，学习花样篮球有哪些好处呢？我在工作中总结如下：

第一，促进生长发育。篮球运动是一种体育运动，可以促进人体血液循环，增强身体抵抗力，促进身体健康。在打篮球过程中，幼儿需要接球、投篮、争球等，这些动作可以充分锻炼幼儿的身体各系统，能够有效提高幼儿身体素质，促进骨骼生长发育，让幼儿长得更好更高。

第二，学会合作，具有合作意识。篮球对抗赛需要团队合作才能取得胜利。我们都知道，团队合作对幼儿未来的综合发展非常重要。我们也知道，在篮球运动中可以有 MVP（有价值的球员），但是不可缺少的是团队合作带来的胜利感。在篮球运动过程中，可以让幼儿学会合作，在合作中增强合作意识，在大家合作的情况下取得各种胜利，这对于幼儿来说是非常开心的。篮球运动是一个集体项目，需要靠团队合作取胜。在一支球队中，每一个人都有自己的优势和位置，只有

相互合作才能进球。幼儿园开展篮球运动可以让幼儿从打篮球过程中懂得团队合作的重要性，为未来走向社会奠定基础。

第三，提升社会适应力。打篮球的时候既要与队友进行良好的沟通，又要与对手、教练员产生联系，无论输赢都锻炼着人的心理承受力。良好的竞争环境能培养健康的心理适应力和承受力，调整参与者的心理健康状况。篮球运动既有输，也有赢，幼儿学习篮球可以从小就懂得输赢之道，输的时候不气馁，赢的时候不骄傲，从而提高心理承受力和社会适应力。

第四，培养幼儿的规则意识。没有规矩，不成方圆，篮球运动是要遵守规则的，不然就会被罚。篮球运动可以培养幼儿的规则意识，让幼儿懂得什么该做、什么不该做，懂得用规则来约束自己的行为。

第五，提高幼儿的自信心。篮球运动是需要自信的，只有自信，才能取得胜利。从刚开始的不懂到后来的上场比赛，这些都是在锻炼幼儿的自信心。篮球运动还可以促进幼儿左右脑平衡发展，增强幼儿的意志力，这是在不断练习中慢慢增强的；篮球运动还可以提高幼儿的观察力、判断力和反应能力，促进身体灵敏度等。

总之，篮球是一项非常受欢迎的运动项目，它不仅能够提高幼儿的身体素质，还能够培养他们的团队合作精神和竞争意识。在幼儿园开展花样篮球活动，不仅能够让幼儿更好地享受运动的乐趣，还能够培养他们多种技能。

基于篮球有以上几点好处，为了让幼儿园的花样篮球活动更具有吸引力和特色，我根据幼儿园的实际情况，设定了一些有趣的规则和挑战。在传统的篮球比赛中加入一些特殊的动作要求或者限制条件，让幼儿在比赛中尝试不同的技巧和战术。例如，将篮球比赛与其他运动项目相结合，开展多种多样的竞赛项目，激发幼儿的兴趣和参与度。

为了更好地指导幼儿参与花样篮球活动，我园邀请了专业教师来进行指导，设置一些专业的篮球训练课程来让教师们学习。这样不仅可以在正确的教学指导下帮助幼儿学习基本的篮球技巧和规则，还可以培养幼儿的身体协调能力和反应能力。在平常的训练中，我们也利用一些专门设计的训练器材和道具，让幼儿在游戏中掌握正确的动作姿势和运球技巧，并带领他们进行反复的练习和巩固。

除了进行篮球的教学和训练，我园也会组织一些篮球比赛和其他活动，让幼儿有机会展示自己的篮球技能，激发幼儿的好胜心，增强幼儿的自信心。例如，把比赛分为小组赛和淘汰赛两个阶段，既能够培养幼儿的竞争意识和团队合作精神，又能够激发他们的斗志和积极性。我们还通过颁发各种奖品和奖状的方式，激发幼儿的成就感和积极参与篮球活动的动力。除此之外，我们还鼓励幼儿在家练习篮球，并鼓励幼儿当"小老师"，带动家长一起练球，在平时的接送幼儿过程中及家长会上告诉家长花样篮球的好处，让家长对花样篮球有更深层次的认识，从而更加支持我园的花样篮球特色园本课程。

通过学生、教师、家长的努力，我们也取得了一些成绩。例如，2023年4月举行的篮球节活动中，大班年级段的花样篮球操，展示了双手拍球、交替拍球、单手拍球等多种篮球技能，还有各种复杂的队形，让在座的观众赞叹不已。篮球活动中的三人篮球对抗赛更是精彩，每一次进球都让观赛的来宾不禁欢呼雀跃。除此之外，幼儿还参加了"点燃梦想，迎'篮'而上"第三届"梦想杯"幼儿篮球联赛，并在比赛中荣获第一名。在2023年××市首届幼儿篮球比赛中，我园幼儿喜获三人幼儿篮球赛金奖的好成绩。

在"花样篮球"特色课程的实施中，人与人之间的合作非常关键。通过众多比赛活动，学生的集体荣誉感增强了，合作能力提高了，人际交往能力也得到提升。回顾我园"花样篮球"特色园本课程的实施过程，其中既有挫折的烦恼，也有成功的喜悦，今天的成果只是明天的一个起点，在今后的工作实践中，我将加倍努力，把"花样篮球"特色园本课程的实施进一步落到实处，兑现我们"为幼儿的健康人生奠基"的承诺。

八、教师 H 开展花样篮球课程心得体会

自 2015 年开园以来，幼儿园一直坚持贯彻党的教育方针，以培养德、智、体、美、劳全面发展的社会主义事业接班人为己任，用正确理念指引幼儿园前行。在办园过程中，园长发现了一个普遍问题：不爱运动的孩子体质差，容易生病。因此，提高幼儿的身体素质就成为幼儿园的当务之急。应该怎样来解决这个问题？在某次机缘巧合下，园长去深圳市 ×× 幼儿园参观，并观摩了该园的篮球特色课，深感震惊。该园的特色是那样吸引人。于是园长开始思考："我学体育出身，也酷爱打篮球，是不是可以发挥自己的专业特长，把篮球融入幼儿园的活动中呢？"从深圳回到幼儿园后，园长积极引入并创新开展幼儿园花样篮球项目。经过一段时间花样篮球特色运动的开展，我们发现，我园幼儿的身体素质普遍提高，身心健康发展，不仅培养了幼儿的自信心和毅力，还培养了幼儿奋勇拼搏、团结协作的精神。因此，我园以花样篮球为突破口，不断完善教学软硬件设施，打造学前教育花样篮球特色园本课程，不仅丰富了幼儿园的体育文化生活，提高了幼儿的身体素质，还打造了良好的口碑。

我园是如何开展花样篮球工作的呢？

第一，加强教师的专业技能学习。我园的教师都是女教师，在篮球方面的专业知识相对缺乏，在这种情况下对幼儿进行花样篮球教学存在一定困难。例如，在对篮球知识的讲述过程中，会因为不专业的问题，从而影响幼儿的正确学习和进步。如果教师不能正确引导，家长不对错误知识进行纠正，那么幼儿对篮球的兴趣就会越来越淡。基于以上原因，幼儿园请了专业教练员对教师进行技能培训，在培训完后，教师们再对篮球进行深度教研，为正确的教学奠定基础，从而为幼儿后续的学习扫清障碍。

第二，增强幼儿的篮球技能学习。幼儿时期是开发天分和挖掘潜力的黄金时期，是长身体的最佳时期，也是各种运动技能最佳塑形时

期。此外，从小学习篮球也可以扎实基本功。基于对幼儿的各方面考虑，幼儿园特意请了专业的篮球教练员来给幼儿教授花样篮球课程，再经过园长及各班级教师的教学来进行练习和巩固，经过一段时间的实践，幼儿的篮球技能有了很大提升。

第三，培养幼儿的学习兴趣。为了提高幼儿的学习兴趣，教师采用游戏教学法，让幼儿在趣味游戏中学习，在学习中体验游戏的快乐，在技能练习中进步。在教学实践中，教师探索并设计出许多新颖有趣的篮球游戏，并将这些有趣的游戏巧妙地融入篮球项目之中。教师们深刻地体会到小小的篮球游戏活动涵盖了走、跑、跳、拍等技能动作练习，不仅让幼儿学到了篮球技能，还让幼儿在运动中获得了快乐。

第四，制订切实可行的篮球技能训练方法。在平时的教学活动中，探索出一套适合幼儿年龄特征的技能训练方法非常有必要，从而达到事半功倍的效果。例如，在教学中发现，小班幼儿应以双手滚球、双手拍球和原地拍球为主；中班幼儿应以滚接球、抛接球、原地变化拍球和直线运球为主；大班幼儿应以单手滚接球、各种抛接球、投准、曲线运球为主。那么应该如何正确地将滚球、拍球、接球、运球等教给幼儿呢？在平时，教师要多注意积累，多注意观察，多去查阅资料，试着用有趣的训练方法吸引幼儿进行学习。比如在学习中，发现幼儿被花样拍球吸引着，教师就要抓住这个点，进一步去创造更多的花样拍球玩法，让幼儿每次玩球都有浓厚的兴趣。

第五，开展花样篮球操练习。花样篮球操是展现幼儿篮球技能的总和，它把篮球基本技术、基本动作与健身舞（操）动作、音乐等要素加工融合在一起，使花样篮球操具有健身性、趣味性、观赏性和艺术性。在篮球操拍球的过程中，幼儿个个精神抖擞、精力集中，多视觉、多角度锻炼动手操作、手眼配合等能力，让幼儿在增长知识与技能的同时增强体质，真正体会做操也非常好玩。

第六，挑选精英团队打比赛。幼儿篮球赛以其特有的吸引力，激发幼儿对运动的主动性和积极性，在促进幼儿身体生长发育和磨炼幼儿意志的同时，培养幼儿树立坚强勇敢、团结合作的精神。我园挑选的精英团队在打比赛时毫不怯场，小球员们纷纷全力以赴，拼搏奋进，攻守之间，精彩纷呈。

第七，举办亲子篮球活动。篮球运动是一种集体运动。好玩而又简单的亲子篮球游戏能够促进家长和孩子的感情升温，在全神贯注、团结合作中，密切亲子关系，同时为幼儿园与家长之间搭建相互交流的平台。

总之，加强教师的专业技能学习、增强幼儿的篮球技能学习、培养幼儿的学习兴趣、制订切实可行的篮球技能训练方法、开展花样篮球操练习、挑选精英团队打比赛、举办亲子篮球活动等是我园针对花样篮球开展的工作，可为其他幼儿园开展类似活动提供经验参考。

幼儿园教师是如何来教幼儿的呢？教师们在摸索中前进，不断总结经验，具体可以概括为以下几方面：

第一，让幼儿了解篮球。在进行篮球教学初期，可以让幼儿多看看、多摸摸篮球，从感官知觉上先接触篮球，如可以组织幼儿观看篮球比赛，让幼儿更了解篮球，周围的气氛可以感染幼儿，从而引起幼儿对篮球的兴趣，激发他们学习篮球的欲望。

第二，运用幼儿喜欢的教学语言来让篮球技巧的学习多样化。在篮球教学中，对于一些技巧动作的讲解，幼儿往往不能理解。为了使讲解内容简单易懂，教师可以利用幼儿可以接受并理解的语言来教会幼儿，如可以通过编儿歌来让幼儿学唱，幼儿唱着唱着就学会了该技能。针对幼儿的特点，将枯燥的篮球技巧进行简化，并配合儿歌等各种幼儿易接受的形式，可以让幼儿将讲解内容熟记于心。

第三，技巧训练应选择幼儿喜欢的学习方式。在篮球教学中，教师可以融入游戏元素，让篮球教学渗透游戏，在游戏中融入篮球学习，使幼儿在快乐游戏中体验学习篮球的乐趣。将篮球的技巧动作设计成游戏，可以让教师在轻松愉快的氛围中进行教学。

如何教幼儿学篮球很重要，同时在教学过程中也要注意与家长的沟通。那么，在平时的教学过程中应如何与家长沟通呢？大家都知道，家园合作有利于幼儿的身心发展。对此我们是这样做的：第一，通过各种途径告诉家长幼儿学习篮球的重要性和好处。告诉家长篮球运动可以促进幼儿身体健康，让其长得更快；可以促进人体血液循环，增强身体抵抗力，促进身体健康；可以让幼儿学会合作，而团队合作对幼儿未来的综合发展非常重要。第二，家园沟通、达成共识，努力建立家园新型合作关系，使家长具有自觉参与意识，引导家长积极参与幼儿园的各种活动，做好家园配合工作。比如在开学初，我们通过新生家长会，让家长了解篮球运动对孩子生长发育的作用，明确亲子篮球游戏对幼儿成长的重要性，引导家长利用有限的家庭条件来开展小篮球游戏。第三，邀请家长观摩篮球对抗赛活动。在家长的鼓励下，幼儿更能激发出对篮球运动的激情。教师应教会幼儿善于与家长进行交流、分享，让亲子关系得到发展，让幼儿真正体会到"爸爸妈妈，如果你们爱我，就多多夸夸我，就多多陪陪我"。

在幼儿园举行大型活动也非常重要，那么幼儿园每次大型活动是如何准备的呢？活动可以检验教学效果，可以知晓幼儿的学习能力等，因而活动对于幼儿来说也非常重要。幼儿园应从材料选择、建立常规、明确任务、音乐选择、场地选择、材料准备、人员选择等方面进行充分准备。具体内容如下：第一，选择合适的幼儿篮球。幼儿篮球首选是4号球，因为这种球的质地好，且这种球弹性和手感较好，能对幼儿的小手起到一定保护作用。第二，建立幼儿花样篮球课堂常规。为了使小篮球课堂有序且有趣，我们必须进行日常课程中的常规训练，抱球、取球、放球等一切常规均要合乎安全有序的原则。第三，明确创编的任务和要求。例如，我们创编花样篮球操首先要根据我们的任务来选择内容，如我们的目的是什么、应该怎么样去安排和设计，以此来充分表现篮球操的丰富性和篮球的特性，以及花样篮球操表演的特质。第四，选择幼儿花样篮球音乐。音乐是幼儿花样篮球操的重要组成部分，音乐的选编应该轻快活泼、节奏明显，并且与动作达成一致。

选择的乐曲要符合幼儿的认知，切记不可选择成人化的有损幼儿身心健康的音乐。第五，熟悉场地。带领幼儿根据场地来变换队形，加深幼儿对场地的熟悉，知道下一步动作需要变换成什么。场地里有许多参照点，利用参照点能起到事半功倍的效果。熟悉场地能提高幼儿的适应度，使其表演起来没有那么紧张。第六，材料的准备。有了详细完整的材料计划，就可以提前安排材料的采购，确保用合适的价格采购正确的材料，在正确的时间送到正确的地点。如果不提前制订材料计划，当需要使用某种材料道具时，材料就无法及时到位。第七，人员的安排。举办一场大型活动时，如果职责分工不够明确，没有有效的科学管理和人员安排，无疑会在开展活动的时候束手束脚，所以在前期要分工明确，如舞台控场等，把各岗位安排得当，分工明确，才会彼此配合，有条不紊。

幼儿园在开展花样篮球过程中，也遇到了一些问题和困难。例如，不同幼儿的能力发展存在差异、幼儿总体的受挫能力不强、一遇到挫折就会气馁等，这些问题都有待我园逐个解决。具体解决办法如下：第一，新学期有新生的加入，教师就要多花些心思带领幼儿来学习篮球运动，多多鼓励和肯定幼儿，与家长多沟通，让家长在家里多带领幼儿学习篮球技能。第二，教师要对幼儿进行心理疏导，要告诉幼儿在遇到难度较大的动作时不要急，要引导幼儿从简单到复杂、从少到多依次递增练习。当幼儿练习有一点小进步，不要忘记对其进行鼓励。要做好家长工作，引导家长减轻焦虑并多多鼓励幼儿学习。教师应该以多种形式调动幼儿拍球的兴趣，培养幼儿的坚持性。第三，要加强幼儿对方位的掌握，鼓励幼儿学会记住自己的站位，记住自己的前后左右是谁，在这种情况下，也帮别的小朋友记忆。

经过几年的努力，我园教师的专业成长、幼儿所学篮球的专业化、大型活动举办的质量等，取得了一些可喜的成绩。我园坚持"无创新不特色"的观点，激励幼儿园的教职员工潜心研究，认真贯彻执行《幼儿园教育指导与纲要（试行）》和《3～6岁儿童学习与发展指南》，以"播种快乐、收获幸福，培养健康活泼可爱的幼儿"为目的，确定"花样篮球"为特色办园之路，不断打磨花样篮球特色园本课程，连续6年成功举办乡村幼儿篮球节。

总之，在幼儿园开展花样篮球教学，从个体上说，可以提高幼儿身体素质；从幼儿园整体环境上说，丰富了幼儿园文化生活，陶冶了全园师幼情操，促进全体师幼身心和谐健康发展；从社会上说，打响了幼儿园花样篮球的口碑，得到了来自各方的认可。

九、教师 I 开展花样篮球课程心得体会

篮球是一项充满活力、激情和竞争力的运动。对于幼儿来说，篮球不仅仅是一项体育运动，还是一种培养领导力和合作精神的有效方法。篮球可以帮助幼儿提高环境适应力，培养幼儿发现问题并解决问题的能力。篮球是一项具有冲突对抗性的活动，在进行过程中会发生碰撞等，这就涉及规则、涉及惩罚、涉及身体感官体验等，这些都有利于幼儿学会遵守规则，幼儿在运动时会探索如何合作，这有助于促进其各方面能力的发展。

我在平时的教学过程中发现，在开展篮球活动过程中，教师将篮球元素、篮球文化融入幼儿园的环境、生活中，可以让幼儿自然而然地知道并喜欢上篮球。

首先，将篮球元素融入环境中。比如，幼儿园的长廊有篮球展板，这些展板可以展示幼儿喜闻乐见的篮球起源及故事，因为这些展板是幼儿每天上下楼可以看见的，所以幼儿会有意无意地去认真欣赏展板内容，在无形中获得了有关篮球运动的相关信息。展板还可以科普各种篮球技能、规则，可以展示各年段开展的关于篮球的绘画活动。绘画活动有小班"我设计的球衣"、中班"我设计的球鞋"、大班"我喜欢的篮球"等。这些都有利于加深幼儿对于篮球比赛、篮球运动、篮球文化的独特认识。

其次，让篮球融入一日的生活中，如晨练时可以练习篮球，早操

时可以边唱篮球之歌边做篮球操。不同时间段可以进行不同的球技练习，不同年级可以根据幼儿的特点来开展形式多样的篮球活动，将篮球融入生活，在生活中体验篮球的乐趣。

平时的篮球教学可以依托《3～6岁儿童学习与发展指南》中幼儿体能发展目标，结合幼儿园特点确定幼儿篮球的发展目标。比如，针对小、中、大班不同幼儿要进一步细化目标，按照由易到难、由少到多、小步递进的方式开展篮球训练。在小班可以学习双手抱球、举球、拍球，同时拍球中可以加入一些游戏来增加趣味性；中班可以学习控球、单手拍球、跪地拍球等；大班可以学习胯下拍球、双手交替拍球、多人合作拍球等篮球技能。在学期末各班可以把所学习到的篮球技能与音乐相结合，编排适合的篮球操，从而检验一学期的学习效果。

在篮球课程开展过程中，幼儿一开始接触篮球，充满了新鲜感，但时间久了，有些幼儿对于一些动作总是学不会，就会出现抵触情绪；有些幼儿觉得枯燥乏味，就会出现懒得动等情况。出现以上这些情况，对于教师来说就是一种挑战。教师既可以将篮球与幼儿喜闻乐见的游戏有机融合起来，也可以巧妙改编传统游戏、生成游戏、音乐游戏等，使篮球教学更多样化。在设计过程中，教师可以结合不同年龄段幼儿的游戏水平，设计不同类型的游戏活动，以满足小、中、大班不同年龄段幼儿的游戏需求。比如，小班在平行的闯关游戏中玩球、拍球等；中班稍增加点难度，可以进行联合性游戏，把班级人数分成两组来完成游戏任务等；大班幼儿则可以进一步强化团队配合及战术配合等。篮球游戏不仅提升了幼儿的身体素质，还培养了幼儿的耐性、观察力、专注力、合作能力等，这些能力的提升对于幼儿来说非常重要，甚至会给其未来带来不可估量的影响。

在具体实施篮球特色园本课程的过程中，除了教师的努力，家长的参与和支持也十分重要。教师应该告诉家长哪些观念是错误的、哪些观念是正确的。有些家长认为，幼儿没必要参与篮球活动，只要会算数、会写字就可以。针对这样的错误观念，教师要及时与家长沟通。

有些家长认为，幼儿应该多参加体育运动，唯有健康的身体才是学习的根本。针对这样的观念，教师就要和家长配合来教育好幼儿。幼儿园可以开展亲子篮球活动，实现家园共育，将幼儿的篮球训练变成教学特色。例如，可以定期邀请家长来园和幼儿成为队友，一起来玩篮球游戏，一起进行篮球训练和运动，一起在篮球游戏过程中互相评价和指导动作等，让幼儿也能当小老师，让其在体验教导他人的过程中进一步巩固自己的知识技能，这不仅使幼儿锻炼了身体，更享受到了篮球带来的满足感和成就感。

在园长和所有教师的共同努力下，幼儿园的花样篮球特色课程逐步走上了正轨。有些幼儿从来没有接触过篮球，经过幼儿园全体成员的努力，到现在，每个幼儿家里都有篮球。幼儿从不会拍球到现在已经掌握许多篮球技能，从不会打比赛到现在能去多个地方参加篮球对抗赛等。虽然我们付出了很多，但也收获了很多。目前，幼儿园已经举办了 6 届篮球文化节，每一届都给当地教育带来了较大影响，让当地每个人都知道幼儿园的花样篮球。在一次次幼儿篮球对抗赛中，我园幼儿更是打出了水平、打出了特色，并获得多个第一名。

幼儿园精准把握花样篮球园本课程，想尽办法为幼儿创设篮球环境，助力幼儿在花样篮球游戏中增强体育意识，锻炼各种篮球技能，为即将到来的小学生活打下身体素质和学习品质的基础，为幼儿全方位发展和终身学习做好准备。

十、教师 J 开展花样篮球课程心得体会

《幼儿园工作规程》指出，幼儿园保育和教育的主要目标之一是"促进幼儿身体正常发育和机能的协调发展，增强体质。培养良好的生活习惯、卫生习惯和参加体育活动的兴趣"。篮球是一项高强度的体育运动，参与其中可以进行全身性锻炼，提高体能水平和身体素质，促进全身各系统的健康。以循环系统为例，篮球运动可以促进循环系统的健康，增强心肺功能，并锻炼肌肉力量。参与篮球运动可以培养团

队意识和协作能力，学会与他人有效沟通、互相支持和信任。"积极主动，认真专注，不怕困难，敢于探索和尝试"是《3～6岁儿童学习与发展指南》的学习目标及要求，从此角度出发，幼儿园全体教师共同努力设计了花样篮球教学及学时计划，力求体现花样篮球教学的可操作性和实效性。经过几年教学，我对花样篮球园本课程的实施有一些感悟。

经常有人问我："你在工作中是如何开展花样篮球工作并带幼儿练习篮球的呢？"每每遇到这类问题，我也在思考，自己是如何开展此项工作的呢？在思考中我认为，要想开展好花样篮球工作，让幼儿认识篮球、了解篮球是关键，而在认识和了解的过程中如何激发幼儿对篮球的兴趣也很重要。此外，要让幼儿学习篮球运动的基本动作、熟悉球性等。这些都应渗透在日常生活中。那么，教师到底应该如何来教学呢？教师需要先了解和熟悉篮球，学会篮球的基本动作及动作要点，才能带领幼儿练习篮球，正确地教好幼儿。

在每日生活中涉及球性及篮球的基本动作练习，教师可在晨练中带领幼儿进行，但如果要幼儿学习新的动作，可以安排在集体活动中进行。在幼儿日常的篮球训练中，我们不能一直进行高强度的强化训练，这会让幼儿觉得篮球训练没有新鲜感，容易失去兴趣。我们应该给幼儿提供一个游戏的环境。例如，在训练课里，我们带幼儿玩一些篮球游戏，使篮球训练变得生动有趣，提升幼儿参与的积极性。同时，不同年龄段进行不同内容的篮球训练。例如，小班培养幼儿对篮球的兴趣，锻炼幼儿基本动作能力，学习篮球运动的简单知识和基本动作，如滚球、抛球、原地单手拍球、单手拍球等；中班需要学习篮球必备的基础技能，如运球、传球、投球等；大班以练习、巩固提高篮球基本动作为主，既可以多练习拍球、运球、传接球、投篮等，也可以辅助练习跑、跳等。

做好家长工作也很关键。要让家长了解幼儿学习篮球运动有哪些好处，如让家长知道篮球运动涵盖了幼儿的走、跑、跳、投、拍等动作，这些动作的发展能够促进幼儿身体素质的全面提升；让家长知道通过篮球技能的学习可以拓展幼儿多方位运动能力，帮助幼儿培养自信、坚持、乐观的意志品质，促进幼儿身心健康、和谐发展。在幼儿练习篮球过程中，教师可以拍摄一些照片及视频发送到家长群，让家长能及时了解幼儿在练习篮球中的一些变化及进步，从而配合教师及幼儿园的工作。在开展大型篮球活动之前要先开家长会，向家长重点讲解篮球给孩子带来的好处，着重强调在篮球活动中需要家长配合的工作及注意事项；会后要在家长群里发送篮球活动中所需注意的事项及配合的工作，让家长重视活动并配合幼儿园做好各项工作。

在工作中，我也遇到了一些问题和困难。例如，有的幼儿在初学篮球基本动作时注意力不集中，出现教师在前面教、幼儿在后面开小差的情况，如东张西望；有的幼儿开始练习时就不得要领，动作和姿势也不准确。针对这些情况，我在教学前会通过有趣的故事或视频等来让幼儿把注意力集中到我身上。我的语言在课堂上表现得抑扬顿挫，让幼儿体会到我的语言是生动有趣的，从而激发幼儿的兴趣，让幼儿更好地投入对篮球的学习中。

我在日常教学和工作中发现，花样篮球带给幼儿的是阳光，是自信，是坦荡。幼儿不仅能在活动中感受篮球运动带来的魅力，幼儿的团队合作意识也能得到培养。在篮球教学过程中，教师和幼儿一起收获了快乐。作为教师，我见证了幼儿的成长与进步；感到非常欣慰和自豪，希望幼儿一直带着这份毅力、这份顽强，继续加油。最后我想说："小小的篮球里蕴含着大大的能量，闪闪发光的不只有流淌的汗珠，还有幼儿蜕变的光芒。"

第二节　家长反馈

在影响教育质量的因素中，家园共育、家校合作是非常重要的方面，孩子在幼儿园或学校的教育得到家长的认可和支持非常关键，幼儿园或学校开展的某项特色活动能得到家长的认可或表扬，对于幼儿园或学校的生存也很有帮助。比如，笔者所调研并指导的幼儿园连续 6 年举行了花样篮球节活动，每次活动都得到了家长的好评。有家长这样评价道："虽然我的孩子在乡村学校读书，但是也能够享受大城市孩子的教育，以及花样篮球带来的快乐。"为了能够更直观地了解家长对花样篮球工作的感受，在此访谈了 3 名幼儿园家长，以"花样篮球开展给孩子带来的变化"为题，让家长进行反馈。以下分别用小班 A 家长、中班 B 家长、大班 C 家长来表示。

一、小班 A 家长反馈

时光流逝，从不停歇。以前看别人的孩子打篮球，觉得他们的动作是那么帅、那么酷，心中特别羡慕。去年秋季，我家小宝也进入 ×× 幼儿园学习，心里特别期待看到孩子的变化。过了一段时间，慢慢地发现孩子在各方面有了很大进步，如自理能力、语言能力、沟通能力、运动能力等方面。有一次，她放学回家，拿着篮球一遍遍前拍拍、后拍拍，我惊讶地发现小小的她竟然如此有耐性。

玩球应该是孩子与生俱来的天性。虽然孩子年龄小，动作不太协调，但幼儿园教师有计划、有目的、有耐心地通过游戏形式教授孩子篮球活动的基本动作，帮助孩子掌握各种基本动作。在教学过程中，教师先示范，让孩子整体认识，然后分解每一个动作要领，让孩子进行上肢和下肢的局部学习。配上儿歌辅导法，即把篮球类动作的要领、规则编成朗朗上口的儿歌，让孩子在学习基本动作和技能时，结合儿歌的朗诵记忆动作要领和游戏规则。这种方法激发了孩子的学习兴趣，增强了孩子学习的效果。在孩子练习过程中，教师还采用灵活多样的方式，如单独练习、对练、小组练习等，帮助孩子掌握相关知识和技能，既巩固了技能，也增加了玩球的多样性，让孩子对篮球活动产生了浓厚兴趣，能够积极主动地与同伴一起投入篮球活动中。

去年，××乡举行了首届校园篮球文化节。在文化节上，孩子跟着音乐展示花样篮球技巧，让我们所有人眼前一亮、大为震撼。我们既没想到小小的篮球在孩子们手里有那么多花样玩法，更没想到孩子们能把篮球拍得那么顺溜。孩子们真棒，教师教得真好。

篮球运动是体育教学的重要内容，对孩子具有规范行为的教育作用，能够积极促进孩子健康阳光地成长，促进孩子的身心健康发展，让孩子树立终身体育锻炼的理念。很荣幸我的孩子能在××幼儿园就读，很感恩幼儿园教师的精心培养，××幼儿园也得到了家长们的一致好评！愿孩子们在××幼儿园健康快乐地成长，也愿××幼儿园越办越好！

二、中班 B 家长反馈

篮球是一项充满激情的运动，更是许多孩子喜欢的运动项目之一。通过参加篮球比赛，孩子既可以锻炼身体，提高篮球技巧，也可以培养团队合作意识、奋斗精神等。

篮球比赛的目标是通过将球投入对方篮筐，并尽可能阻挡对方投篮得分，从而赢得比赛的胜利。篮球比赛具有良好的参与性和竞争性，不仅能锻炼身体，也能培养球员的团队合作精神和比赛的胜负意识。

篮球比赛能够让孩子锻炼肌肉。孩子在比赛时需要不断地奔跑和跳跃，这样能加强心肺功能，增强体质。同时，孩子也能够通过比赛逐渐掌握各种技巧，提高自己的运动水平。在篮球比赛中，每个人都有自己的角色和任务，只有紧密合作，互相配合，才能够获得胜利。孩子在比赛中需要互相协作，提高团队默契度，这也能够培养他们的团队合作精神。

在篮球比赛中，孩子会遇到胜利和失败的情况。这种经历能够帮助他们逐渐增强比赛的胜负意识，知道如何处理赛后的情绪和心态，并启发孩子在失败中找到原因，不断努力，争取在下次比赛中取得好成绩。

通过参加篮球比赛，孩子能够不断地学习篮球技巧，并且总结经验，提高自己的篮球技能和水平。同时，参与比赛也能够让他们体验真正的球场氛围，学会如何在紧张的情况下冷静应对。

当然，在让孩子参加篮球比赛时，也需要注意一些事项。首先，要给孩子设置适当的目标，并培养他们的比赛胜负意识，但注意不要施加过度的压力，要让他们享受比赛的过程。其次，要注意孩子的身体状况和安全，保证比赛的安全性，不让孩子受伤。最后，也要让孩子了解比赛的规则和精神，注重比赛的公正性。

总之，篮球比赛在锻炼身体、提升技能、培养团队合作意识与比赛胜负意识等方面发挥了重要作用。在比赛中，孩子能够学习到很多重要的技巧和经验，但是也需要注意比赛的安全和规范，让比赛真正成为促进孩子身心健康成长的有益方式。

三、大班 C 家长反馈

时光荏苒，日月如梭。一转眼，我家宝贝进入××幼儿园就读已经三年了，再有一个学年，她就要成为一名小学生了。回忆我家宝贝过去的幼儿园时光，我内心既感激，又自豪，我既感激××幼儿园将我家宝贝培养成了一个全面和谐发展且运动能力拔尖的孩子，我也特别自豪我家宝贝是××幼儿园众多幸福娃娃中的一员，我为什么会有这样的感慨呢？请听我细细道来吧！

××幼儿园的办学理念、办学特色及师资力量是本地农村公办幼儿园中的佼佼者。这是本地社会、教育局、学生家长都公认的。于是，我家宝贝 3 周岁刚过，我就迫不及待地把她送到了这所幼儿园。记得刚入园时的一个星期里，我觉得她可能对篮球不是很感兴趣。直到一个多月后去幼儿园参加家委会时刚好遇上他们班在操场上玩篮球后，我当场就被震惊了。只见宝贝们穿着统一的球服，排着整齐的队伍，在操场上玩花样篮球。三四岁的孩子竟然会双手拍、单手拍、原地拍、跳起后转变方向拍，各种动作协调顺畅。走近看看，每个宝贝都沉浸在花样篮球操的快活时光里。这些看似简单的动作竟是由这些活泼好动、专注力不强的孩子们完成的。宝贝们的成长都是由教师的无数智慧引导、激发和辛苦陪伴出来的。后来，孩子每天一回到家就找篮球拍球、运球，每次玩到大汗淋漓依旧不愿停下休息。在这个电子产品泛滥的年代，我家宝贝却只对玩篮球情有独钟，我们做父母的心里感到莫大的欣慰。我们都知道，运动既消耗体力，也拉伸筋骨，我家宝贝便是在玩篮球的运动中不断长高，身体抵抗力越来越强，整个人既健康活泼，又阳光自信。

我是真心觉得孩子在××幼儿园上学是特别自豪又骄傲的事情。孩子们爱玩篮球，玩着玩着就玩出了大花样。在园长的领导下，幼儿园每学期开展亲子篮球运动会。家长们也都像我一样，自从参加完第一次亲子篮球运动会后，就害怕错过下一次了，因为每次的亲子篮球运动会不仅孩子们喜欢，家长们也很喜欢，可以在玩中运动，在运动中增进亲子感情。不仅如此，在幼儿园每年成功举办的篮球节中，教师根据不同年龄孩子的特点及动作发展水平而编排的花样篮球操更是精彩纷呈。在活动中，各个班的孩子大炫篮球玩法。特别是大班孩子的篮球对抗赛，打得像专业篮球运动员似的。当然，这样的盛况离不开园长和各位教师的精心陪练与耐心鼓励。

我好感动，感动于孩子的成长，感动于教师的精心教育，感动于××幼儿园的特色篮球教学活动，让孩子习得一技之长。

第三节　幼儿园、小学、中学三校联合举办篮球节活动反馈

还是以以上调研的幼儿园为例来进行说明。自从 2015 年开始学习花样篮球以来，2015 年幼儿园的小班、中班、大班幼儿目前已经是中学生了。为了让篮球传统能够得到延续，让这群经过花样篮球训练的幼儿在小学继续保持热情，每年，当地的小学、中学都安排他们到幼儿园一起参加一年一度的篮球节活动，但是这远不能满足这些学生在

进入小学后对于篮球的渴望和学习。于是，幼儿园所在地方的中心小学也开始了对小学花样篮球课程的探索。

花样篮球运动的训练体系已经逐渐完善，但是在训练过程中还存在一些问题，如训练负荷量不足、缺少专业的篮球教练员等，学校一直努力为花样篮球运动的可持续发展服务，如加强对教练员的培训力度、对教练员的培养制订合理计划，整体提高教练员的执教能力，从而让学校篮球运动训练水平快速提高。

对于训练的综合化水平低的问题，我们把多学科的最新理论应用到学生的训练方法、内容、手段中，并且为学生制订了合理的训练计划，在不同阶段实施不同的训练内容，包括技能、战术、体能等方面，从而使学生的竞技水平得到整体性提高。然而，花样篮球训练主要集中在对技术和战术的训练上，忽略了对学生竞技心理素质、体能、篮球意识的培养。要解决这个问题，主要是提高教练员的执教水平，首要任务是培养一批具有高水平专业技能、科学的知识理论体系、较高综合素质的优秀教练员。

在运双球的学习过程中学生不感兴趣，笔者采用了多种有趣、有效的教学手段。例如，配合音乐，调动学生学习篮球的积极性；让学生以自由形式尝试拍球活动；在练习中互相学习，并在学生掌握技能后，让其进行同学间的合作、探究、竞争。通过将技能穿插在游戏中，学生的学习积极性很高，既做到了以玩促学、以趣带学，也提高了教学效率，让学生在宽松的教学环境中真正体验体育的乐趣，达到体育教学的目标。

通过调研了解到，为了让学生有个更好的展示平台，让学生学以致用，体验学习的快乐，2023 年 4 月，所调研地方的幼儿园、小学、中学联合举办了首届篮球节。此项活动在当地引起了较大反响，多家媒体对其进行了报道。经过与三校相关负责人沟通，他们同意在此进行相关活动内容的分享。

一、××乡三校首届少儿篮球文化节相关事宜

为了更好地让大家了解多校合作的跨学科文化整合项目，在此列举一些准备过程材料，具体见表 4-1。

表 4-1　活动相关事项表

事项	内容
场地布置	（1）充气拱门——热烈祝贺××县××乡首届校园少儿篮球文化节顺利开幕 （2）吉祥物与礼仪：吉祥物 2 个，由幼儿园负责；礼仪人数 10 人（小学、中学各 5 人），由中学负责 负责单位：××县××礼仪公司 负责内容：布置大门口拱门、搭建舞台与舞台背景、布置运动场空飘、提供音响设备、布置运动场四周彩旗
火炬传递	需要材料：火炬 6 把、火盆 1 个 负责单位：幼儿园小学、中学 传递路线：幼儿园—小学—中学 传递人数：9 人或 11 人，中间两棒为局领导或乡领导 途中安全：幼儿园传递点人员的安全由幼儿园负责，小学传递点人员的安全由小学负责，中学传递点人员的安全由中学负责，全程由××派出所警车开路，途中医护人员 2 人，家长志愿者协助 巨大篮球安排：中学负责找好 12 个人和 6 个巨大球，安排 2 个人滚 1 个大球，规划好开幕式滚球路线 摄影摄像负责单位：××传媒 负责内容：①负责预告片、电子邀请函制作；②活动全流程录制摄像；③制作宣传短视频；④微信视频号直播
安全保卫	负责单位：各校（园）长负责本校师生家长的安全；××派出所、家长志愿者协助火炬各传递点的安全。①幼儿园到小学的安全由幼儿园负责；②小学到中学的安全由小学负责；③中学到会场的安全由中学负责 负责内容：维护活动秩序
健康保障	负责单位：××卫生院医护人员
活动向导	中学初二的学生，中学校门口到会场要有指示牌

事项	内容
邀请领导	负责人：三校校（园）长一起 费用预算：…… 幼儿园：…… 小学：…… 中学：……
参演活动质量监督	各校（园）长
集中彩排时间	第一次暂定 4 月 12 日，第二次暂定 4 月 19 日
宣传报道	省市县教科体官媒进行宣传（三校联合宣传）
活动主持	环境建设（篮球文化展板）：各校负责提供内容，广告公司负责制作 发言稿：局领导，幼儿园负责；乡领导，小学负责；校 / 园长代表，中学负责；学生代表，小学负责 校（园）长发言暂定中学校长 ×× ；学生代表由小学生 ×× 发言
接待安排	领导接待：3 位校长负责 兄弟校接待：幼儿园由幼儿园教师负责，小学由小学教师负责，中学由中学教师负责
伙食安排	（午餐）幼儿园负责
空飘横幅标语	小学负责 6 条，中学负责 6 条 会场四周悬挂宣传标语，小学负责 6 条
审议活动流程方案	幼儿篮球对抗赛场地安排暂定地点中学田径场。各设置 2 个球场悬浮地板，幼儿园负责提供材料，中学负责组装
活动总指挥	幼儿园园长、小学校长、中学校长负责所有事宜协调对接
成立筹备成员机构	相关教师对接合作组
当时活动流程节目单	主持人对接

二、三校首届少儿篮球文化节各校具体分工

以上 17 项相关事宜在具体实施过程中涉及人员较多，工作应细致。在此将三校具体负责的事宜进行罗列（见表 4-2 至表 4-4），以提供更多参考。

表 4-2　幼儿园负责部分

序号	活动准备	负责人	人数
1	火炬传递（刘 × 火炬手，陈 ×× 、刘 ×× 陪跑）	黄 ×× 、陈 ××	3
2	大鼓队（副班教师及生活老师）	刘 ××	20
3	彩旗队（幼儿园家长每班 4 人）	刘 ××	40
4	开场球队（大班轮滑队）	刘 ×× 、张 ×× 、孙 ××	30
5	校园代表队入场	各班教师	310
6	幼儿园学生代表入场口号（经过主席台前喊口号）	—	310
7	球操展示表演	全体教师	310
8	特色风采展示	×× 老师	310
9	大班幼儿篮球友谊赛	叶 ×× 、林 ××	12
10	篮球宝贝啦啦操	刘 ×× 、陈 ×× 、李 ×× 、周 ××	24

表 4-3　小学负责部分

序号	活动准备	负责人	人数
1	主持人	林 ×× 、廖 ××	2
2	火炬手	刘 ××	3
3	迎接火炬队站马路两旁	学生	80
4	学生代表发言	刘 ×× 、胡 ××	1

续　表

序号	活动准备	负责人	人数
5	小学展板	刘××	—
6	旗下篮球队表演	马××、曾××	80
7	滚轮胎队（方阵队伍）	刘××、陈××	48
8	小学学生代表入场口号 经过主席台前喊口号	刘××	—
9	球操展示（表演）	刘××、谢××	80
10	小学六年级学生对抗赛	金××	12
11	学生鼓号	刘××、刘××	4
12	一年级学生友谊赛	曾××	12
13	舞蹈啦啦操	邹××	24
14	教师大鼓队	刘××	—

表4-4　中学负责部分

序号	活动准备	负责人	人数/人
1	礼仪（学生16人，教师4人）	陈××	20
2	篮球文化展板内容，空飘条幅，中学横幅标语	李××	—
3	火炬传递（火炬手1人，陪跑2人）	林××	3
4	巨大篮球滚球（学生）	刘××	12
5	仪仗队（持枪护旗10人，国旗6人）	李××	16
6	彩旗队（八年级）	李××	40
7	校园代表队入场	许××	200
8	学生代表入场口号（经过主席台前喊口号）	陈××	—
9	行进运球队，球操展示表演	刘××、 刘××	60
10	中小学篮球友谊赛	林××、 刘××	12

序号	活动准备	负责人	人数 / 人
11	活动向导志愿者（学生）	陈 × ×	20
12	安保人员（学生）	曾 × ×	10
13	后勤人员（学生）	刘 × ×	10

三、三校首届少儿篮球文化节反馈

此次活动的成功举办获得了各方人士的好评，如家长评价"（孩子）在农村也能享受大城市般优质的教育"，局领导评价"这是我县的骄傲"等。多家媒体进行了实地报道，在此引用《江西教育》的一篇报道。

【"双减"进行时】兴国县 × × 乡举办首届校园

少儿篮球文化节

1. 运动之火点"篮"社富

兴国县 × × 乡中心幼儿园率先将篮球运动作为创建特色的突破口，不仅在孩子们幼小心灵中播下一颗篮球兴趣的种子，也在社富教育种植下一株株篮球文化的幼苗。如今，× × 乡学校携手培育浇灌，这些种子以朝气蓬勃之势迎"篮"直上、破土而出，这些幼苗以欣欣向荣之态汲取养分抽枝长叶。近日，× × 中学新建的运动场上隆重举办 × × 乡首届校园少儿篮球文化节。

火炬是希望与光明的象征，在寥寥黑夜给人们指引方向；暖暖火焰带给人们温暖，激励人们昂扬向上。火炬传递第一棒从"大山里的篮球园"——× × 乡中心幼儿园出发，第二棒来到了"党建引领，勤廉治校，篮球逐梦"的 × × 中心小学，最后主火炬传递至 × × 中学并点燃。

2.沉浸式观"篮"

校园少儿篮球文化节的开场方阵队让前来观看的嘉宾、家长们看见了气宇轩昂、精神抖擞、动感十足的少年们，鲜艳的国旗、嘹亮的鼓号声、创意的轮滑、动感的花样篮球、阳光自信的少年们引得现场掌声此起彼伏、欢呼声不断，将篮球文化节的氛围灌满。

幼儿园阶段，让孩子们认知篮球运动，学习基础动作，提升运动兴趣，养成良好习惯，结交更多小伙伴。

小学阶段，强化孩子们的技术、速度、反应，注重协调性的完善，打下良好的篮球基本素质。

中学阶段，让孩子们熟练掌握各种技术动作，重点发展力量素质，提高战术思维，树立自信心，强化意志品质，增强团队精神。

幼儿园的团体篮球操、小学的花样篮球表演、中学的对抗展示将文化节氛围推向高潮，上下拍打的篮球、整齐有力的动作、配合默契的队形变化引来所有观众的欢呼声。

3."篮"不住的辐射效应

"我真没想到现在的学生可以把篮球打得这么好。"这是一位家长代表在篮球文化节现场目睹了精彩纷呈的三校篮球表演后发出的由衷赞叹。

××乡学校积极探索新模式，意在实施一贯制篮球教学，以兴趣带动学习，普及校园篮球运动，营造校园篮球文化氛围，以球育德、以球培智、以球健体、以球促美、以球代劳，打造篮球特色的校本化课程。

近年来，在××中心幼儿园的探索和引领下，"大篮球文化"正在××乡的崇山峻岭间拔节生长，"花样篮球"的办园理念已使幼儿园成为全县甚至赣南乡村"特色办园"的一张亮丽名片。

党建引领，勤廉治校，篮球逐梦。××中小学坚持党建引领促"双减"，遵循"以人为本，服务学生，健康第一，素质第一"的教育原则，由学校党支部牵头，发挥党员骨干教师的示范作用，创"花样篮球"校园品牌，以"篮球"健体，用"勤廉"育人，全面实施素质教育，走特色办学之路。

4.迎"篮"而上的背后

每一幕精彩的背后都有许多默默奉献的工作者。组织一场大型文化节活动，环节众多，项目精细，孩子们舞台上五分钟的精彩展示源自每日的点滴训练。

小小的篮球里蕴含着大大的能量，每一个在篮球场上挥汗如雨的时刻，闪闪发光的不只是流淌的汗珠，还有孩子们成长蜕变的光芒。来自大山里的孩子在这场篮球嘉年华里共赴热爱，点燃整个××乡的"篮球梦"。

"小篮球，大梦想，我爱祖国我爱党！"社富教育人以一颗篮球贯穿中小学、幼儿园体教融合全阵线，守"五育并举"之正，创兴国乡镇一体化办学之先河，在××县实施"教育强国，教育兴国"工程，在争创新时代基础教育模范县的新征程上做出新贡献。

第四节　幼儿园篮球节活动反馈

从2018年第一届篮球节开始，到2022年第五届篮球节，笔者所调研的幼儿园每年都有新想法、新创意，篮球节一年比一年办得好。此节针对该幼儿园举办的2022年第五届篮球节，以兴国教体发表的一篇文章为例来说明花样篮球活动效果。

一所乡村幼儿园"篮球嘉年华"开启，藏在大山的

梦想正在发光

单手拍球、双手交替运球、移动胯下运球、360°旋转拍球，运球变换队形……表演这些动作的既不是职业篮球手，也不是城市名校的学生，而是××县××中心幼儿园的萌娃们。

"我真的没有想到农村的幼儿园也可以办出水平这么高的篮球文化节！"4月28日，一位小班的家长代表在××幼儿园"小篮球 大梦想"篮球文化节现场，目睹一场场精彩的花样篮球表演后发出由衷的赞叹。

这是××幼儿园第五届"篮球文化节"，来自大山里的孩子们在这场篮球嘉年华中共赴热爱，点燃了整个乡村的"篮球梦"。

1."篮"不住的精彩

文化节的开场让前来观看的家长代表们看见了"创意、激情、动感"的交互闪光：孩子们或开着自制"坦克"入场，或架着自制"运载火箭"入场，喧闹的锣鼓、潮酷的服装、五彩的气球，孩子们参与创作的主题贴画将篮球文化节的氛围拉满。孩子们用独具创意的出场方式将积蓄了一年的艺术能量尽情挥洒。

篮球操的展示将文化节推上了高潮。老师们将篮球技法与啦啦操、街舞等篮球场下的元素进行融合，再配以动感激昂的音乐，编排了篮球操，其在孩子们的演绎下生动精彩。上下翻飞的篮球，整齐有力的动作，配合默契的队列转换，引来所有观众的阵阵掌声！

"别看只是孩子打篮球，这比赛太刺激、太精彩了。"

"红队的3号连续几次投篮命中，无敌呀！"

最热血的当然是3vs3篮球对抗赛了。篮球小将们在球场上你来我往，漂亮的抢断，完美的过人，优美的投篮，勇敢的防守，构成了一幅幅激动人心的画面。

与往年篮球文化节不同的是，今年新增了篮球与器械的组合展示，这是游戏探究与篮球技能的一次突破与融合。孩子们在与篮球、器械的嬉戏中，既展现了学与玩的无缝对接，也展现了教学大纲与特色教学相结合的显著成效。

2. 精彩呈现的背后

每一幕精彩的背后都有许多默默付出的人。

组织这样一场大型文化节项目烦琐、环节众多。在文化节开幕的前一个月，老师们几乎奉献了所有休息时间，有的熬夜制作道具，有的午休时间还在操场、舞蹈房进行动作练习，有的绞尽脑汁进行节目编排……

孩子们舞台上的三分钟精彩也是源于每日不辍的点滴训练，尤其园里的孩子大多来自留守家庭，入园前从没有碰过篮球。为了不让枯燥的基本功训练浇灭孩子们的热情，小班的老师们开发了"打地鼠""赶小猪"等趣味游戏，让学生从最基础的动作开练。

大班的篮球对抗训练让指导教练即××幼儿园的刘园长感慨颇深："农村孩子的可塑性非常强，每次训练时，不管是摔倒还是碰撞，他们都是一骨碌从地上爬起来，继续奔跑，从没有喊过累、喊过疼。"孩子们无畏的斗志让刘园长感受到他们对篮球最质朴的热爱。

大山里的孩子们在篮球训练中收获了喜悦和友情，他们从篮球"小白"慢慢成长，以肉眼可见的速度掌握了花样篮球的技法及篮球对抗的精髓。

3. 不可思议的辐射效应

随着××幼儿园篮球特色教学声名远播，在很多乡村家长竭尽所能把孩子送往城市接受教育的今天，××幼儿园却出现了罕见的学生返流热潮。而且这段热潮不会昙花一现，它有了传承与发展。

　　为了让篮球活动在学校得到持续发展，××小学一边向××幼儿园取经学习，一边聘请海南师范大学戴慧群老师参与指导，并派送体育专业教师外出培训来提升专业素养。××小学原创了一套充分展示技巧与律动的篮球操，利用课后延时服务全校推广，并于2021年冬成功举办第一届"篮球文化节"，为"双减"政策的实行开了个好头。

　　××中学也紧随其后，在改扩建操场的同时，开始了学生篮球基本功训练。此外，三位校长、园长还时不时在一起碰头规划，要把每一年的"篮球文化节"办成幼儿园、小学、中学融合一体的全乡性篮球运动盛宴，让××乡的"大篮球文化"在崇山峻岭间不断传播。

　　这样深远的辐射效应是刘园长当初创建"篮球"特色项目时没有想到的。每个孩子都是一颗闪闪发光的"星星"，乡村教育工作者能做的是为孩子提供更多可能性，让孩子挖掘自己尚未开发的天赋，让生活在大山里的孩子身上的天赋不会被埋没。

　　随着飞旋的篮球，大山、少年、梦想三者之间越靠越近。

第五节　花样篮球教学的展望

　　篮球作为很多人都喜欢的一个体育项目，有其独特魅力。要真正打好篮球，就要对其基础知识、基本技术、基本战术、基本规则有一定了解。比如，了解一些篮球术语，如传球、接球、运球、投篮、传切配合、掩护配合、半场人盯人防守、区域联防、行进间单手低投篮等。如果只是用单一的教学方法教授这些专业的篮球内容，可能很难达到让孩子们喜欢的程度。所以，篮球教学的趋势一定是通过花样篮球的形式来展现其独特功能。未来花样篮球更多的是与学科进行整合。

　　在未来的教学过程中，花样篮球会更注重对学生体育意识、体育能力、体育习惯的培养，关注学生未来走向社会后的体育锻炼能力，体现职业教育的特征；克服教学内容重复、陈旧的弊端，重新整合教学内容，进行知识创新，抓住学生的兴趣，更注重因材施教；克服"重实践，轻理论"的不足，更多地在课程与训练方面进行改革；篮球教学的方法将会越来越多，更多地体现出自主性、娱乐性和趣味性。

未来花样篮球是一种对篮球的全新诠释，会更新教学内容，改进教学模式，丰富教学方法与手段，提高学生的自主性、创新性与娱乐性，使学生积极主动地参与篮球训练，培养学生的体育意识和习惯，从而使篮球运动更好地践行"健康第一"的指导思想；会不断增加辅助性内容，使学生由被动学变为主动学，不断强调以学生为中心的教育理念；能够建立"以篮球游戏—娱乐性比赛—竞技比赛"为主线的教学理念；考核标准和评价体系将向更好的方向发展，改变传统竞技体育的评价模式，对原有考核形式进行修改，虽然达标内容继续保留，但达标内容在成绩中所占比例可以降低，将专项身体素质按学生进步幅度给予相应分值；教学组织形式会得到相应改变，教师对教学的控制将更多地转向对学生学习与理解的指导方面。

未来花样篮球更多地与学科进行整合，如在幼儿园与音乐、美术等科目进行融合，在小学与语文、数学、英语等科目进行融合，在中学与物理、化学等进行融合，从而达到知识之间的互通共享，寓教于乐，将"玩中学，学中玩"贯彻到底。未来花样篮球将会被更多学校进行探索。打破常规、创新立异是未来花样篮球的发展趋势。

未来花样篮球更多的是"谋新求变"，会有更多人士去关注并讨论花样篮球，这将使花样篮球吸纳多行业之优点，如组织教育、商业、媒体、公益等社会各界的专家人士围绕花样篮球来讨论其未来。未来花样篮球将会得到更多的社会支持，这些支持将会吸引越来越多的青少年加入体育锻炼的队伍。从 2020 年国家体育总局和教育部联合印发的《关于深化体教融合 促进青少年健康发展的意见》中可以看出，新机遇下，各地将更广泛地开展篮球活动，让每个孩子都能接触篮球，从篮球训练和比赛中学会团结合作、互相尊重，养成拼搏乐观的优良品质。2017 年，NYBO 青少年篮球公开赛在国家体育总局《青少年体育"十三五"规划》和中国篮协"小篮球规则"的指导下应运而生，说明篮球的长远发展离不开牢固的基础。未来，学生关注花样篮球等体育锻炼的内容多一些，"小眼镜""小胖墩"、脊柱侧弯等现象就会少一些。此外，学生也要更关注自身有关篮球各方面的能力的培养，因为更多的训练最后目标是走向赛事。比赛能够培养孩子的创造性、想象力、冒险精神、探索精神及自律性、自信心。只有自由比赛，才能体现这些东西。

总之，花样篮球的未来是美好的，只有打牢基础，才能够更好地实现跨学科整合，才能够将"玩中学、学中玩"的理念贯彻到底。将篮球玩活、学活、耍活，将篮球与多学科进行整合，将篮球与大数据进行对接，将篮球与国际接轨，使人人都能够玩篮球，随时随地都可以玩篮球，处处都可以听到人们在谈论篮球等，这将是花式篮球的新体现。

参考文献

[1] 陈琦，刘儒德. 当代教育心理学 [M]. 3 版. 北京：北京师范大学出版社，2019.

[2] 刘焱，潘月婷. 学前儿童游戏指导 [M]. 北京： 高等教育出版社，2015.

[3] 奥苏伯尔，等. 教育心理学：认知观点 [M]. 佘星南，宋钧，译. 北京：人民教育出版社，1994.

[4] 拉宾诺威克兹. 皮亚杰学说入门：思维·学习·教学 [M]. 杭生，译. 北京：人民教育出版社，1987.

[5] 斯滕伯格，威廉姆斯. 教育心理学 [M]. 张厚粲，译. 北京：中国轻工业出版社，2003.

[6] 加涅. 学习的条件和教学论 [M]. 皮连生，王映学，郑葳，等，译. 上海：华东师范大学出版社，1999.

[7] 加德纳. 多元智能 [M]. 沈致隆，译. 北京：新华出版社，2004.

[8] 车文博. 人本主义心理学 [M]. 杭州：浙江教育出版社，2003.

[9] 彭聃龄. 普通心理学 [M]. 修订版. 北京：北京师范大学出版社，2001.

[10] 皮连生. 学与教的心理学 [M]. 2 版. 上海：华东师范大学出版社，1997.

[11] 霍习霞. 学前儿童游戏：原理与应用 [M]. 上海：华东师范大学出版社，2013.

[12] 刘焱. 儿童游戏通论 [M]. 北京：北京师范大学出版社，2004.

[13] 刘焱. 幼儿园游戏与指导 [M]. 北京：高等教育出版社，2012.

[14] 王琦，翟理红. 幼儿游戏指导 [M]. 北京：北京师范大学出版社，2013.

[15] 维加雷洛. 从古老的游戏到体育表演 [M]. 乔咪加，译. 北京：中国人民大学出版社，2007.

[16] 斯滕伯格，史渥林. 思维教学：培养聪明的学习者 [M]. 赵海燕，译. 北京：中国轻工业出版社，2001.

[17] 阿姆斯特朗. 课堂中的多元智能：开展以学生为中心的教学 [M]. 张咏梅，王振强，等，译. 北京：中国轻工业出版社，2003.

[18] 吴兆祥. 学校体育科学研究 [M]. 合肥：安徽人民出版社，1996.

[19] 刘永峰，许瀚杨，和怡，等. 小篮球趣味游戏（6 ～ 12 岁）[M]. 北京：人民体育出版社，2019.

[20] ANDERSON L W，KRATHWOHL D R，AIRASIAN P W，et al. A taxonomy

for learning, teaching and assessing: a revision of Bloom's taxonomy of educational objectives[M]. New York：Longman，2001.

[21] ARENDS R. Learning to teach[M]. 6th ed. New York：McGraw-Hill，2004.

[22] ANDERSON J R. Cognitive psychology and its implication[M]. 4th ed. New York：W. H. Freeman and company，1995.

[23] BEYER B K. Developing a thinking skill program[M]. Boston：Allyn and Bacon INC，1988.

[24] BOLLES R C. Learning Theory[M]. 2nd ed. New York：Holt, Rinehart and Winston，1979.

[25] GAGNE R M. The conditions of learning and theory of instruction[M]. New York：Holt Rinehart and Winston，1985.

[26] BRUNER J S. Toward a theory of instruction[M]. New York：Norton，1966.

[27] 蒋正伟 . 小学篮球教学面临的问题及优化方式解析 [J]. 灌篮，2021（4）：33.

[28] 张劼 . 跨学科融合教学的问题与实践 [J]. 中国教师，2021（9）：65—68.

[29] 刘杰 . 谈篮球教学的育人作用 [J]. 商情，2013（49）：87.

[30] 张辉明 . 篮球技术课程教学创新的思考 [J]. 武汉体育学院学报，2003（6）：122—123.

[31] 张玉燕 . "花样篮球"园本课程开发的价值与实施途径 [J]. 甘肃教育，2018（11）：82.

[32] 薛刚亚 . 花式篮球 花样教学——初中篮球趣味化教学的思考与实践 [J]. 考试周刊，2020（91）：115—116.

[33] 陈志山 . 基于用"教材"教视角下篮球的传接球教学策略 [J]. 体育教学，2017，37（6）：36—37.

[34] 钱连华 . 初中体育篮球教学中如何培养学生的攻守意识 [J]. 新课程（中），2018（12）：260.

[35] 罗伟文 . 初中体育篮球教学开展组织上课策略探究 [J]. 体育风尚，2018（6）：164.

[36] 李珺 . 合作教学模式在初中篮球教学中的应用 [J]. 山西青年，2017（16）：183—184.

[37] 刘路芸.“花样篮球”运动促进幼儿发展的家长反馈调查研究[J].新教育，2021（20）：75—76.

[38] 王雪艳.创造性地开展幼儿园花样篮球实践活动探究[J].新课程，2021（27）：160.

[39] 戴慧群，刘路芸，钟红云.农村幼儿园开展“花样篮球”游戏教学的策略[J].新教育，2021（11）：82—83.

[40] 朱亚东.体教融合视角下市队校办育人新路径的实践研究[J].体育教学，2023，43（1）：47—50.

[41] 顾柯.幼儿混龄体锻中的篮球游戏初探[J].文理导航（下旬），2018（11）：66—67.

[42] 陆燕.在玩中成长，在成长中学习——培养幼儿对篮球游戏的兴趣[J].考试周刊，2015（39）：193.

[43] 范琳，张其云.建构主义教学理论与英语教学改革的契合[J].外语与外语教学，2003（4）：28—32.

[44] 束定芳.呼唤具有中国特色的外语教学理论[J].外语界，2005（6）：2—7+60+81.

[45] 戴炜栋，陈莉萍.二语语法教学理论综述[J].外语教学与研究，2005（2）：92—99+160.

[46] 王坦.合作学习：一种值得借鉴的教学理论[J].普教研究，1994（1）：62—64.

[47] 陈远祥.建构主义教学理论是否适合外语教学？[J].外语界，2001（3）：19—22.

[48] 靳勇，孙玉龙，张聚民，等.高校篮球专项课实施“渗透式”双语教学的理论及实践研究[J].体育世界（学术版），2015（6）：126—127.

[49] 王省.“双语”教学在体育课中的运用与探讨[J].运动，2013（13）：70—71.

[50] 潘际娜.小学体育课双语教学的可行性研究[J].青少年体育，2017（1）：72—73.

[51] 冯红红.“情景体验式教学模式”在小学英语教学中的应用[J].当代家庭教育，2022（13）：168—170.

[52] 张宇晨."情景体验式教学模式"在小学英语教学中的应用 [J]. 基础教育论坛,2022(8):44—45.

[53] 季浏. 基于核心素养的专项运动技能大单元教学设计与实施 [J]. 中国学校体育,2022,41(7):9—11.

[54] 夏晨铭,王如芳. 小学六年级篮球专项运动技能大单元教学设计 [J]. 中国学校体育,2023,42(1):40—42.

[55] 程鹏. 小篮球运动员身心发育规律与训练特征分析 [J]. 新体育,2023(10):107—109.

[56] 何阳,孙民治. 对高等体育院系本科篮球实践课运用双语教学的实验研究 [J]. 北京体育大学学报,2005(12):1681—1683.

[57] 何阳,何根群."优势互助"乒乓球双语教学模式的实验研究 [J]. 当代教育理论与实践,2014,6(12):52—54.

[58] 姜全林. 英语口令:体育双语教学的切入点 [J]. 内蒙古师范大学学报(教育科学版),2004(S1):165—166.

[59] 王伯红. 情景体验式教学模式在小学英语教学中的应用 [J]. 学周刊,2022(20):113—115.

[60] 暴占光,张向葵. 自我决定认知动机理论研究概述 [J]. 东北师大学报(哲学社会科学版),2005(6):141—146.

[61] 陈琦,张建伟. 建构主义学习观要义评析 [J]. 华东师范大学学报(教育科学版),1998(1):61—68.

[62] 陈琦. 认知结构理论与教育 [J]. 北京师范大学学报(社会科学版),1988(1):73—79.

[63] 李健宏. 人工智能中的机器学习研究及其应用 [J]. 江西科技师范学院学报,2004(5):84—86.

[64] 赵畅. 赞可夫的教学理论对当代教学的意义 [J]. 课外语文,2020(34):19—20.

[65] 柳海荣,柳洁. 核心素养视角下小学跨学科整合课程的教学实践与探索——以小学英语学科教学为例 [J]. 河北民族师范学院学报,2022,42(3):122—128.

[66] TOHIDI A，MOUSAVI S，DOURANDISH A，et al. Organic food market segmentation based on the neobehavioristic theory of consumer behavior[J]. British food journal，2023，125（3）：810—831.

[67] BIRKHOLZ A D. An investigation of student, faculty, and administration perceptions of the application of accelerated learning strategies in the Wisconsin technical college system[J]. Journal of vocational education research，2004，29（1）：27—52.

[68] FEUERSTEIN R，RAND Y，HOFFMAN M B. The dynamic assessment of retarded performers[J]. International journal of rehabilitation research，1981，4（3）：465—466.

[69] ALEXANDER P A. Past as prologue: educational psychology's legacy and progeny[J]. Journal of educational psychology，2018，110（2）：147—162.

[70] ARCHAMBAULT I，JANOSZ M，FALLU J，et al. Student engagement and its relationship with early high school dropout[J]. Journal of adolescence，2008，32（3）：651—670.

[71] MAYER R. Educational psychology's past and future contributions to the science of learning, science of instruction, and science of assessment[J]. Journal of educational psychology，2018，110（2）：174—179.

[72] BANDURA A. Social learning theory of aggression[J]. Journal of communication，1978，28（3）：12—29

[73] LITOVsKY V G，DUSEK J B. Perceptions on child rearing and self-concept development during the early adolescent years[J]. Journal of youth and adolescence，1985，14（5）：373—387.

[74] SELIGMAN M E，MAIER S F. Failure to escape traumatic shock[J]. Journal of experimental psychology，1967，74（1）：1—9.

[75] 高玺博. 青少年篮球培训实施双语教学效果的实验研究——以南京兰博文篮球训练营为例 [D]. 南京：南京体育学院，2017.

[76] 刘卫东. 高校公体篮球课双语教学的理论与实验研究 [D]. 石家庄：河北师范大学，2004.

[77] 肖孟光. 成都市小学体育双语教学研究 [D]. 成都：四川大学，2007.

[78] 周胜浩 . 基于行为主义理论的课程思政强化策略与路径研究 [D]. 桂林：
广西师范大学，2023.

[79] 冯渊媛 . 情景体验式教学模式在小学英语教学中的应用 [N]. 科学导报，
2023-04-14（B03）.

附　录

附录1

小学课后服务——花样篮球训练教案表

周次	主题	具体内容
1	初步掌握熟悉球性、控制球性的练习方法	一、师生互相问好 二、宣布本次课的内容和任务 三、准备活动 （一）热身跑 （二）活动各关节 （三）原地熟悉球性，进行控制球练习 1.胸前指拨球 2.单双手抛接球 3.腰膝绕环 4.胯下抛接球 5.胯下绕"8"字 6.前踢腿腿下交接球 四、学习移动技术 （一）教学目标 基本掌握移动技术的动作方法。 （二）概念 移动是篮球运动中队员为了改变位置、方向、速度和争取高度、空间所采用的各种脚步动作的总称。 （三）动作方法与要点 1.基本站立姿势。动作方法：两脚前后或左右开立，距离约与肩同宽，身体重心落在两脚之间，略收腹含胸，屈肘，两手放于体侧前方。防守时，站立姿势稍有不同，两脚开立略比肩宽，屈肘降低重心，含胸，两臂张开。 动作要点：屈膝，降低重心，抬头，目光注视全场。 2.起动。动作方法：按基本姿势站立，向前起动时，上体迅速前倾，向前移动重心，一只脚用力蹬地，另一脚迅速向前跨出；向侧面起动时，向起动方向一侧移动重心，上体迅速转向起动方向，异侧脚用力蹬地，同时脚尖转向起动方向，并向起动方向跨出。 动作要点：移重心，猛蹬地，快跨步，快频率。 3.变速跑。动作方法：跑动中加速时，上体微前倾，用前脚掌短促有力地蹬地，步频加快，同时用力摆臂；减速时，步幅适当增大，上体直起，用前脚掌用力抵地以减缓向前的冲力，从而降低跑速。 动作要点：加速时，上体前倾，步频加快，蹬跨有力；减速时，上体稍直起，步幅加大控制速度。

续　表

周次	主题	具体内容
		4.变向跑。动作方法：从右向左变向时，最后一步用右脚前脚掌内侧用力蹬地，同时脚尖稍内扣，迅速屈膝，腰部随之左转，上体向左前倾，转移重心，左脚向前方跨出，然后加速前进。 动作要点：变向时，前脚掌内侧用力蹬地，另一只脚迅速朝变向方向迈出第一步。 5.侧身跑。动作方法：在跑动时，头部和上体转向侧面或有球的一侧，脚尖朝着跑动方向。跑动时，既要保持奔跑速度，又要保持身体平衡，双手自然放在腰侧，密切注意观察场上情况。 动作要点：上体自然侧转，脚尖朝跑动方向，眼睛平视，随时准备接球。
2	基本掌握原地高低运球的动作方法	一、师生互相问好 二、宣布本次课的内容和任务 三、准备活动 （一）热身跑 （二）活动各关节 （三）原地熟悉球性，进行控制球练习 1.前指拨球 2.双手抛接球 3.腰膝绕环 4.胯下抛接球 5.胯下绕"8"字 四、学习运球技术 （一）教学目标 基本掌握原地高低运球的动作方法。 （二）动作方法 1.原地高运球。动作方法：两脚前后开立，两膝微屈，上体稍前倾，目视前方；运球手臂自然弯曲，以肘关节为轴，用手按拍球的正上方，球的落点在身体侧前方，球的反弹高度在腰胸之间。 动作要点：手按拍球的部位正确，手脚配合协调。 2.原地低运球。动作方法：两腿深屈，降低重心，上体前倾，用上体和腿保护球，同时手短促地按拍球。球的反弹高度在膝关节以下，以便控制球和摆脱防守继续运球。低运球拍球的部位在球的正上方。 动作要点：重心降低，上体前倾，按拍球短促有力。

周次	主题	具体内容
		3.双手胸前传球。动作方法：双手持球于胸腹之间，两肘自然弯曲于体侧，身体成基本站立姿势，两眼平视传球目标，传球时，后脚蹬地发力，身体重心前移，两臂前伸，两手腕随之旋内，拇指用力下压，食指、中指用力拨球并将球传出，球出手后，两手向下略向外翻。 动作要点：持球动作正确；用力协调连贯，用食指、中指拨球。 4.双手胸前接球。动作方法：两眼注视来球，两臂迎球伸出，双手五指自然张开，两拇指相对成"八"字形，其余手指向前伸出，两手成半球形；当手指触球时，双手将球握住，两臂顺势屈肘后引缓冲来球的力量，两手持球于胸腹之间，成基本站立姿势。 动作要点：伸臂迎球，收臂后引缓冲，握球于胸腹之间，动作连贯一致。
3	进一步掌握急停、转身技术的动作方法和动作要点	一、师生互相问好 二、宣布本次课的内容和任务 三、准备活动 （一）热身跑 （二）原地徒手操（4×8） 第一节　头部运动；第二节　伸展运动；第三节　扩胸运动；第四节　体侧运动；第五节　踢腿运动；第六节　腹背运动；第七节　压腿；第八节　原地活动各关节。 四、复习移动技术 （一）教学目标 进一步掌握急停、转身技术的动作方法和动作要点。 （二）教学重点 控制身体重心的平衡和变化。 五、复习原地双手胸前传接球技术 （一）教学目标 进一步掌握双手胸前传接球技术的动作方法。 （二）教学重点 传接球的手法。 六、学习行进间运球技术（行进间高低运球） （一）教学目标 基本掌握行进间运球技术。 （二）教学重点 拍按球的部位和身体的协调配合。

周次	主题	具体内容
4	提高行进间运球技术	一、师生互相问好 二、宣布本次课的内容和任务 三、准备活动 （一）慢跑 （二）活动各关节 （三）行进间熟悉球性、控制球练习 1. 胸前指拨球 2. 单双手抛接球 3. 腰膝绕环交接球 4. 胯下"8"字交接球 四、复习行进间运球技术 （一）教学目标 提高行进间运球技术。 （二）教学重点 球的控制，全身配合协调。 1. 行进间高运球 2. 行进间低运球 3. 行进间高低运球 五、学习移动技术（滑步、撤步） （一）教学目标 基本掌握滑步、撤步的动作方法。 （二）概念、动作方法与动作要点 滑步分为侧滑步、前滑步、后撤步。 1. 侧滑步动作方法：两脚平行站立，两膝较深弯曲，上体略前倾，两臂侧伸；向左侧滑步时，左脚向左迈出的同时，右脚蹬地滑动，向左脚靠近，两脚保持一定距离，左脚继续跨出。 动作要点：侧滑步时，要保持屈膝低重心的姿势，身体不要上下起伏，两腿不要交叉，重心保持在两腿之间，两眼注视对手。 2. 前滑步动作方法：两脚前后站立，向前滑步时，前脚向前迈出一步，着地的同时，后脚紧随着向前滑动，保持前后开立姿势，注意屈膝降低重心。 动作要点：前滑步时，保持屈膝降低重心，身体不要上下起伏，前脚同侧臂上举，另一臂侧下张开。 3. 后撤步动作方法：做后撤步时，用前脚脚前掌内侧蹬地，同时腰部用力向后转动，后脚碾蹬地面，前脚快速后撤，紧接着滑步调整防守位置。 动作要点：前脚蹬地后撤要快，后脚碾地扭腰转髋要猛，后撤角度不宜过大，身体不要起伏。

周次	主题	具体内容
5	进一步掌握双手胸前传接球技术的动作方法	一、师生互相问好 二、宣布本次课的内容和任务 三、准备活动 （一）慢跑 （二）活动各关节 （三）各种运球练习 1. 原地高低运球 2. 原地前后推拉运球 3. 原地体前换手运球 4. 行进间高运球 5. 行进间低运球 6. 行进间绕圆运球 四、复习原地双手胸前传接球技术 （一）教学目标 进一步掌握双手胸前传接球技术的动作方法。 （二）教学重点 传接的手法。 五、学习单手肩上传球、双手胸前反弹传球技术 （一）教学目标 基本掌握单手肩上传球、双手胸前反弹传球动作方法。 （二）动作方法与要点 1. 单手肩上传球动作方法：双手持球于胸前，两脚平行开立，右手传球时，左脚向传球方向跨出半步，左手指拨送球的力量将球引至右肩侧上方，右肩关节引展，大小臂自然弯曲，手腕稍后屈，持球的后下方，左肩对着传球方向，重心落至右脚；传球时，右脚蹬地发力的同时转体带动上臂，以肘领先前臂，手腕前屈，食指、中指、无名指用力拨球将球传出。 动作要点：自上而下发力，蹬地、扭转肩、挥臂扣腕动作连贯。 2. 双手胸前反弹传球动作方法：基本同双手胸前传球，不同的是球飞行的路线是折线。

周次	主题	具体内容
6	提高移动技术	一、师生互相问好 二、宣布本次课的内容和任务 三、准备活动 （一）慢跑 （二）活动各关节 （三）行进间熟悉球性、控制球练习 1.胸前指拨球 2.单双手抛球 3.腰膝绕环交接球 4.胯下"8"字交接球 四、复习移动技术 （一）教学目标 提高移动技术。 （二）教学重点 重心控制，全身配合协调。 五、学习变向运球动作和运球急停急起动作 1.变向运球动作方法：运球队员从对手右侧突破时，先向对手左侧运球，当对手向左侧移动时，运球队员突然向右侧变向，用右手按拍球的右侧上方，同时右脚向左前方跨出，用肩、腿、上体挡住对手，接着迅速换左手按拍球的后上方，从对方的右侧运球超越对手。运球队员换手时，球要低，动作要快。 动作要点：变向时重心降低，转体探肩，蹬跨突然，快速用力，换手变向后加速要快。 2.运球急停急起动作方法：利用跨步急停动作，用手按拍球的前上方，变为暂时的原地运球，用臂、身体和腿部保护球；急起时，身体重心迅速前移，后脚用力蹬地跨出，同时用手按拍球的后上方推球前进。 动作要点：重心转移快，脚蹬、抵地要有力，按拍球部位要正确，手、脚、身体协调一致。 六、学习行进间双手胸前传接球技术 初步学会行进间双手胸前传接球技术。 1.行进间双手胸前传球动作方法：手上动作基本同原地双手胸前传接球；脚步动作是在跑动中，跨步接球，上步传球，球的落点在接球同伴前一步远。 动作要点：侧身移动，跨步接球，上步传球，动作协调。 2.行进间双手胸前接球动作方法：基本同原地双手胸前接球。 动作要点：迎——迎球伸臂；引——手触球后引，缓冲球的力量；收——收球于胸前。

续　表

周次	主题	具体内容
7	进一步掌握行进间变向运球和运球急停急起动作方法	一、师生互相问好 二、宣布本次课的内容和任务 三、准备活动 （一）慢跑 （二）活动各关节 （三）行进间熟悉球性、控制球练习 1. 胸前指拨球 2. 单双手抛接球 3. 腰膝绕环交接球 4. 胯下"8"字交接球 四、复习行进间变向运球和运球急停急起技术 （一）教学目标 进一步掌握行进间变向运球和运球急停急起动作方法。 （二）教学重点 球和重心的控制，变向时蹬地转体，急停时停得稳，起动快。 五、复习行进间双手胸前传接球技术 （一）教学目标 进一步掌握行进间双手胸前传接球技术。 （二）教学重点 传球准确，不走步。 六、学习原地交叉步持球突破技术 （一）教学目标 初步掌握原地交叉步持球突破动作方法。 （二）动作方法与要点 动作方法：以右脚做中枢脚为例，突破时，左脚向左前方跨出半步，做向左突破的假动作，当对手重心向右移动时，左脚前脚掌内侧迅速蹬地，向对手左侧跨出一大步，同时上体右转探肩，贴近对手；球移至右手，向左脚右斜前方推放球，右脚迅速蹬地跨步，加速超越对手。 动作要点：假动作要逼真，后蹬有力，起动迅速突然，动作连贯。

周次	主题	具体内容
8	进一步掌握技术动作，提高运用技术的能力	一、师生互相问好 二、宣布本次课的内容和任务 三、准备活动 （一）慢跑 （二）活动各关节 （三）行进间熟悉球性、控制球练习 1.胸前指拨球 2.单双手抛接球 3.腰膝绕环交接球 4.胯下"8"字交接球 四、复习防守移动技术 （一）教学目标 通过复习防守移动技术，进一步掌握技术动作，提高运用技术的能力。 （二）教学重点 动作的规范性、合理性，以及动作之间的衔接。 五、学习防运球 （一）教学目标 使学生建立正确概念，了解技术动作方法、要领，并初步掌握技术动作。 （二）动作方法 当对手运球时，防守人的注意力集中在对手的手和球上，抢先向运球方向移动；以身体躯干对着球，伸臂扩大防守面积，并伺机干扰抢、打球。 （三）原则 1.堵中路，迫使其向边、角运球 2.堵强手，迫使其弱手运球

续　表

周次	主题	具体内容
9	初步掌握原地单手肩上投篮的动作方法	一、师生互相问好 二、宣布本次课的内容和任务 三、准备活动 （一）热身跑 （二）原地徒手操（4×8） 第一节　头部运动；第二节　伸展运动；第三节　扩胸运动；第四节　体侧运动；第五节　踢腿运动；第六节　腹背运动；第七节　压腿；第八节　原地活动各关节。 （三）行进间熟悉球性、控制球练习 1.胸前指拨球 2.单双手抛接球 3.腰膝绕环交接球 4.胯下"8"字交接球 四、学习原地单手肩上投篮 （一）教学目标 初步掌握原地单手肩上投篮的动作方法。 （二）动作方法与要点 动作方法：以右手投篮为例，右手五指自然分开，手心空出，用指根以上部位持球，大拇指与小拇指控制球体，左手扶在球的左侧，右臂屈肘，肘关节自然下垂，置球于右肩前上方，目视篮球，两脚左右或前后开立，两膝微屈，重心落在两脚掌上；投篮时，下肢蹬地发力，右臂向前上方抬肘伸臂，手腕前屈，食指和中指用力拨球，通过指端将球柔和地投出；球出手的瞬间，身体随投篮动作向上伸展，脚跟微提起。 动作要点：上下肢协调用力，抬肘伸臂充分，手腕前屈，手指柔和地拨球将球投出，中指、食指控制方向。 五、复习原地双手胸前传接球技术 （一）教学目标 进一步掌握双手胸前传接球技术的动作方法。 （二）教学重点 传接的手法。

周次	主题	具体内容
10	提高行进间运球技术	一、师生互相问好 二、宣布本次课的内容和任务 三、准备活动 （一）慢跑 （二）活动各关节 （三）各种运球练习 1. 原地高低运球 2. 原地前后推拉运球 3. 原地体前换手运球 4. 行进间高运球 5. 行进间低运球 四、复习原地单手肩上投篮技术 （一）教学目标 进一步掌握原地单手肩上投篮技术的动作方法。 （二）教学重点 投篮手法和全身协调用力。 五、复习行进间运球技术 （一）教学目标 提高行进间运球技术。 （二）教学重点 球的控制，全身配合协调。 1. 行进间高运球 2. 行进间低运球 3. 行进间高低运球

周次	主题	具体内容
11	提高移动技术	一、师生互相问好 二、宣布本次课的内容和任务 三、准备活动 （一）慢跑 （二）活动各关节 （三）行进间熟悉球性、控制球练习 1. 胸前指拨球 2. 单双手抛接球 3. 腰膝绕环交接球 4. 胯下"8"字交接球 四、复习移动技术 （一）教学目标 提高移动技术。 （二）教学重点 重心控制，全身配合协调。 五、复习行进间单手肩上投篮技术 （一）教学目标 进一步掌握动作方法。 （二）教学重点 控制球能力，投篮手法，手脚配合。 六、复习行进间变向运球和运球急停急起技术 （一）教学目标 进一步掌握行进间变向运球和运球急停急起动作。 （二）教学重点 球和重心的控制，变向时蹬地转体，急停时停得稳，起动快。

周次	主题	具体内容
12	初步掌握原地跳起单手肩上投篮动作方法	一、师生互相问好 二、宣布本次课的内容和任务 三、准备活动 （一）慢跑 （二）活动各关节 （三）行进间熟悉球性、控制球练习 1.胸前指拨球 2.单双手抛接球 3.腰膝绕环交接球 4.胯下"8"字交接球 四、学习原地跳起单手肩上投篮技术 （一）教学目标 初步掌握原地跳起单手肩上投篮动作方法。 （二）动作方法与要点 动作方法：以右手投篮为例，两手持球于胸前，两脚左右或前后开立，两膝微屈，重心落在两脚之间；起跳时，迅速屈膝，脚掌用力蹬地向上起跳，同时双手举球到右肩上方，右手持球，左手扶球的左侧方，当身体接近最高点时，左手离球，右臂向前上方伸展，手腕前屈，食指、中指拨球，通过指端将球投出；落地时屈膝缓冲。 动作要点：起跳垂直向上，起跳与举球、出手动作应协调一致，在接近最高点时出手。 五、复习行进间双手胸前传接球技术 （一）教学目标 进一步掌握行进间双手胸前传接球技术。 （二）教学重点 传球准确，不走步。

周次	主题	具体内容
13	进一步掌握技术动作，提高运用技术的能力	一、师生互相问好 二、宣布本次课的内容和任务 三、准备活动 （一）慢跑 （二）活动各关节 （三）行进间熟悉球性、控制球练习 1.胸前指拨球 2.单双手抛接球 3.腰膝绕环交接球 4.胯下"8"字交接球 四、复习防守移动技术 （一）教学目标 通过复习防守移动技术，进一步掌握技术动作，提高运用技术的能力。 （二）教学重点 动作的规范性、合理性，以及动作之间的衔接。 五、罚球比赛 （一）教学目标 巩固技术动作，提高疲劳时的罚球命中率。 （二）教学重点 提高罚球时的抗干扰能力。 六、学习防投篮 （一）教学目标 使学生建立正确的概念，了解技术动作方法和要领，并初步掌握技术动作。 （二）动作方法与要点 动作方法：防守人要站在对手与球篮之间，采用斜步防守，与对手保持一臂的距离，伸手干扰对手的举球习惯动作，注意对手的眼神与重心变化，当对手举球准备投篮时，防守人前伸手臂扬起，手掌对准球；当对手投篮刚出手或起跳时，防守人应及时起跳，干扰其出球弧度，并争取"盖帽"。 动作要点：干扰举球习惯动作及出手时的视线、弧度；注意对手重心变化，不被对手的假动作欺骗。

周次	主题	具体内容
14	巩固所学防守技术动作，提高个人运用技术的能力	一、师生问好 二、宣布课的内容及任务 三、准备活动 （一）慢跑 （二）活动各关节 （三）各种运球练习 1.原地高低运球 2.原地前后推拉运球 3.原地体前换手运球 4.行进间高运球 5.行进间低运球 6.行进间绕圆运球 四、复习防守有球队员 （一）教学目标 巩固所学防守技术动作，提高个人运用技术的能力。 （二）教学重点 提高个人防守能力。 五、学习抢防守篮板球技术 （一）教学目标 巩固技术动作，体会抢防守篮板球与快攻的衔接。 （二）教学重点 抢篮板球后的一传、行进间传接球的准确性。 六、学习防守无球队员（防纵横切） （一）教学目标 使学生建立正确概念，了解防守的位置与距离、姿势、步法等要素，清楚强侧、弱侧，并了解防横切与防纵切的方法，初步掌握防守的方法。 （二）防守无球队员分析 1.位置与距离 位置："球、我、他"的选位原则，钝角三角的钝角处，人球兼顾。 距离：强侧近、错位、断球路；弱侧远，保护球侧；抢断、抢篮板球。 2.防守姿势 扩大控制面积，及时向不同方向移动，人球兼顾。 3.步法 滑步、撤步、碎步、快跑、转身等。 （三）动作方法与要点 1.动作方法 ①防纵切：当对方向篮下纵切时，应抢前移动，合理运用身体堵

周次	主题	具体内容
		截纵切路线，坚决不让对手从自己身前切过，同时伸臂封锁接球，迫使其向远离球的方向移动。 ②防横切：对方横切要球时，上左脚，合理运用身体堵截，同时伸左臂封锁球路，不让其从自己身前横切，具体包括面向人和背对人两种方法。 2.动作要点 合理运用身体堵截，伸手断球路，随时注意人球兼顾。
15	了解正确概念，了解动作方法	一、师生互相问好 二、宣布本次课的内容和任务 三、准备活动 （一）热身跑 （二）原地徒手操（4×8） 第一节　头部运动；第二节　伸展运动；第三节　扩胸运动；第四节　体侧运动；第五节　踢腿运动；第六节　腹背运动；第七节　压腿；第八节　原地活动各关节。 （三）行进间熟悉球性、控制球练习 1.胸前指拨球 2.单双手抛接球 3.腰膝绕环交接球 4.胯下"8"字交接球 四、运球行进间投篮 左右手往返运球上篮。 五、学习抢进攻篮板球 （一）教学目标 使学生建立正确概念，了解动作方法和要领，并初步掌握技术动作。 （二）动作方法与要点 动作方法：当同伴或自己投篮出手后，根据球的落点，利用合理的步法，摆脱防守队员，抢占有利位置；起跳时，一般内线队员用双脚跳，外线队员用单脚跳；在空中得球后可直接补篮（扣篮）或传球给同伴，如无机会，落地后保护好球，并进行二次进攻或重新组织进攻。 动作要点：摆脱抢位，起跳有力；得球后处理球合理、果断。

周次	主题	具体内容
		六、学习防守无球队员 （一）教学目标 在五对五情况下，进一步掌握技术动作方法，合理选位，提高正确运用技术的能力。 （二）教学重点 强弱侧选位；防横切，防纵切；脚步灵活。
16	掌握多项行进间进攻技术的衔接	一、师生互相问好 二、宣布本次课的内容和任务 三、准备活动 （一）慢跑 （二）活动各关节 （三）行进间熟悉球性、控制球练习 1. 胸前指拨球 2. 单双手抛接球 3. 腰膝绕环交接球 4. 胯下"8"字交接球 四、复习进攻技术 （一）教学目标 掌握多项行进间进攻技术的衔接，提高进攻组合技术的运用能力。 （二）教学重点 技术组合的连贯性。 五、总复习 （一）教学目标 进一步熟练掌握重点技术，逐步形成技术定型。 （一）教学重点 动作不熟练学生技术细节的改进。

续　表

周次	主题	具体内容
17	基本掌握攻守、防守、进攻技术	一、师生互相问好 二、宣布本次课的内容和任务 三、准备活动 （一）慢跑 （二）活动各关节 四、游戏：传球比赛 目的：提高快速移动中的传接球能力。 游戏方法：半个篮球场，全班分为人数相等的两队，攻方在场内运用各种传球移动，守方可以断球后转为进攻，在规定时间内以每队传球次数多的一方为胜。 五、复习攻守技术（原地交叉步持球突破） 目的：改进原地交叉步持球突破技术，提高学生攻防能力。 六、复习防守有球队员 （一）教学目标 巩固所学防守技术动作，提高个人运用技术的能力。 （二）教学重点 提高个人防守能力。 七、复习进攻技术 （一）教学目标 掌握多项行进间进攻技术的衔接，提高进攻组合技术的运用能力。 （二）教学重点 技术组合的连贯性。

周次	主题	具体内容
18	基本掌握传切配合及突分配合的方法	一、师生互相问好 二、宣布本次课的内容和任务 三、准备活动 （一）慢跑 （二）活动各关节 四、游戏：传球比赛 目的：提高快速移动中的传接球能力。 游戏方法：半个篮球场，全班分为人数相等的两队，攻方在场内运用各种传球移动。守方可以断球后转为进攻。在规定时间内以每队传球次数多的一方为胜。 五、复习攻守技术（原地交叉步持球突破） 目的：改进原地交叉步持球突破技术，提高学生攻防能力。 六、复习传切配合、突分配合 （一）教学目标 基本掌握传切配合及突分配合的方法。 （二）教学重点 配合时机，移动路线及传接球的时机。 七、学习掩护配合 （一）目的 初步掌握掩护配合的方法。 （二）概念 掩护配合是指进攻队员选择正确位置，运用合理的身体动作挡住同伴防守者的移动路线，使同伴借以摆脱防守，获得接球、投篮或其他进攻机会的一种配合（分为前掩护、后掩护、侧掩护）。 （三）运用 当对方盯人防守时，为同伴摆脱对方，获得攻击机会；无球队员可以掩护有球队员，运球队员也可以掩护无球队员。 （四）要点 （1）掩护者要选择正确的掩护位置和动作，掩护的一刹那，两脚平行开立，两腿弯曲。 （2）被掩护者在同伴需要掩护时，运用假动作吸引防守队员，突破时要有速度。 （3）当同伴摆脱防守突破后，掩护者应转身挡人准备接球或抢篮板球。

周次	主题	具体内容
19	基本掌握掩护配合的方法	一、师生互相问好 二、宣布本次课的内容和任务 三、准备活动 （一）慢跑 （二）活动各关节 四、四角传接球练习 五、复习攻守技术（全场一对一攻守练习） 目的：提高学生运用技术和攻守对抗的能力。 六、复习掩护配合 （一）教学目标 基本掌握掩护配合的方法。 （二）教学重点 掩护的位置动作、配合移动的路线、配合的时机。 七、介绍策应配合 （一）目的 初步掌握策应配合的方法。 （二）概念 策应配合是指进攻队员背对或侧对球篮接球后，通过各种传球方式与外线队员的空切、绕切相结合，借以摆脱防守而形成的一种里外配合的方法。 （三）运用 无论进攻人盯人防守这是联防防守，在全场或半场配合中均可运用。 （四）要点 （1）策应队员要突然摆脱、防守，占据有利的策应位置，同时伸臂要球。 （2）外线队员传球及时到位，传球后及时摆脱防守接球进攻。 （3）策应队员传球及时到位或抓住机会进行攻击。
20	提高行进间传接球及上篮的技术质量	一、师生互相问好 二、宣布本次课的内容和任务 三、准备活动 （一）慢跑 （二）活动各关节 四、游戏：沿线运球追逐 游戏方法：学生一人一球，分散站在球场的各条线上，游戏开始，一人运球去追逐其他线上的运球人，追到就交换。

周次	主题	具体内容
		五、复习行进间传接球上篮 （一）教学目标 改进、提高行进间传接球及上篮的技术质量。 （二）教学重点 接球上篮的步法及上下肢动作的协调。 六、学习快攻战术 （一）教学目标 初步掌握快攻的概念、特点、发动时机及快攻的发动、接应、推进的配合方法和配合要求。 （二）快攻的概念 快攻是防守队员获球后由守转攻时力争在对手布阵未稳之际，抓住战机以最快速度、最短时间，果断而合理地发动攻击的一种速决性战术配合。 （三）快攻的特点、基本要求、时机、形式 1. 特点 速度快、简单易懂，不易被对方防守，成功率高，能有效提高本队气势，打击对手。 2. 基本要求 （1）全队要有强烈的整体快速反击意识，不放过任何一次发动快攻的机会。 （2）获球后、队员要迅速有组织、有阵型、有层次地合理分散。 （3）发动、接应、阵型分散快下和跟进的整体行动要始终保持纵深队形，扩大攻击范围，增加攻击点。 （4）在整个快攻过程中，个人和整体行动都要避免延误时机，尽量缩短推进时间。 （5）快攻结束时，动作要果断、快速、隐蔽，不要降低速度，而是要果断投篮和抢篮板球，减少限制区内不必要的传球。 （6）树立勇猛顽强、敢打敢拼的作风。 （7）在展开快攻反击过程中，要善于把握和调整进攻节奏，避免盲目性，同时要重视由攻转守的部署。 3. 时机 当获后场篮板球，抢、断、打球和跳球时，以及对方投中后掷端线界外球时，都应抓住时机发动快攻。 4. 形式 长传快攻、传球与运球相结合的快攻、个人突破快攻。

附录 2

跨学科视角下小学体育篮球专项课实施
双语教学的理论与实践研究

海南师范大学　　王杨　毛武陵

摘要：本文运用文献资料法、录像观察法等研究方法对小学体育篮球专项课实施双语教学进行了理论及实践研究。研究结果表明，通过双语教学，学生对篮球和外语的学习兴趣提高了，篮球英语的专业知识和能力提升了，证实了小学体育篮球专项课实施双语教学的必要性和可行性。

关键词：小学体育；篮球专项课；双语教学

20 世纪 80 年代以来，课程整合成为课程设计领域的一种新趋势。跨学科整合课程不再以学科为中心，而是将不同学科的内容融入单元或主题之中。学生作为主体，在真实情境中参与学习活动。跨学科整合课程的主要目的是整合各学科知识，软化学科边界，帮助学生建立知识之间的立体联系，以解决现实问题，彰显知识、技能与生活世界的联系与价值。[①] 2022 年 4 月，教育部印发《义务教育课程方案和课程标准（2022 年版）》，明确了义务教育课程应遵循加强课程综合、注重关联的基本原则，开展跨学科主题教学，强化课程协同育人功能。本研究基于跨学科教育视角，审视小学体育篮球专项课实施双语教学，具有一定的新颖性和较高的现实指导意义，本文研究的小学双语体育篮球教学本质上是跨学科教学。

---

① 柳海荣，柳洁.核心素养视角下小学跨学科整合课程的教学实践与探索——以小学英语学科教学为例 [J].河北民族师范学院学报，2022，42（3）：122-128.

双语教育在新加坡、加拿大和美国等国家开展得较早，并取得了良好的实践及研究成果；我国如北京、上海、深圳和成都等城市的双语（中英文）教育研究和实践也在蓬勃发展。目前，我国的双语教学模式主要有浸润式、翻译式、渗透式、穿插式等。由于体育是一种集知识传授和群体活动交流为一体的课程，具备开展教学和交流相结合的特征，因此，我国诸多学者对双语教学在体育领域的运用进行了较为深入的研究。高玺博实验研究发现，在篮球教学过程中实施双语教学，教师在引导学生学习过程中，可以使学生对篮球的兴趣增强，使学生更加积极主动地学习篮球技术动作；双语篮球课堂氛围十分活跃，学生能够更快地掌握和运用篮球技术动作，增强与篮球专业相关的英语能力。实践证明，在青少年篮球教学过程中，实施双语教学具有可行性。①

录像观察研究和实践结果表明，海口市小学生篮球校外培训课实施双语教学对提高学生的篮球和英语学习兴趣及水平有较好的促进作用。从学生对于双语篮球课的反馈得知，其十分喜欢双语篮球教学，双语教学的情境设置、裁判规则、双语篮球体能游戏等都让学生赞不绝口。学生认为英语介入不仅不会影响篮球技能的学习，反而能够促进他们对篮球英语知识的学习。

一、研究方法

1.查阅篮球双语教学文献，为课题研究做理论准备。课题组成员通过跨学科学习研讨，进行小学篮球校外培训课双语教学进度、教案等方面的准备。

2.选取约200名海口市小学生，对其进行篮球双语教学。

3.对教学效果进行评估改进。评估改进的方法有录像观察法和文献研究法。

---

① 高玺博.青少年篮球培训实施双语教学效果的实验研究——以南京兰博文篮球训练营为例[D].南京：南京体育学院，2017.

二、研究过程

（一）教学内容

按照《义务教育英语课程标准（2022 年版）》和《义务教育体育与健康课程标准（2022 年版）》的相关要求，顺应小学生身心发育和英语习得规律，坚持"教会、勤练、常赛"的课程理念，课题组从小学生参与篮球运动应具备的基础知识技能、战术和比赛规则要点中，精选出对应的英语单词、词组和句型，对学生进行国际篮球历史文化和篮球口语等相关内容的教学。篮球双语教学内容围绕篮球进攻技战术、篮球防守技术、篮球规则、篮球高水平竞技比赛赏析、篮球历史文化、展示与比赛六大模块进行教学。其中，篮球进攻技术包括投篮技术（shoot）、运球技术（dribble）、传球技术（pass）、突破技术（drive in），篮球进攻战术有传切（pass and cut）、掩护（set a screen）、挡拆（pick and roll）、多打少（two on one）、快攻（fast break）；篮球防守技术包括建立合法防守位置（position）、抢断球（steal）、移动技术（move）、篮板球技术（rebound）；篮球规则包括二次运球（double dribble）、走步（travel）、携带球（carry the ball）、阻挡犯规（block foul）、撞人进攻犯规（charge）；篮球高水平竞技比赛赏析包括比赛英文解说词识记（competition commentary）、战术布置理解（game plan）；篮球历史文化包括篮球起源和发展（story）、巨星励志故事（no pain, no gain）、篮球外交（Could I invite you to play a game with us?）；展示与比赛包括 1vs1、2vs2、3vs3、5vs5。

在学生听讲过程中，体育教师可以使用英语教师在课上常用的短语，如注意力集中（pay attention）、仔细看（look carefully）、跟着我（follow me）等，以此加强课堂纪律管理。此外，在篮球场地周围设置白板，展示与篮球相关词语的中英文，有利于学生提高英语的读写和训练总结能力，改善其思维方式与认知水平不平衡的问题。

（二）教学组织形式与方法

随着年龄的增长，小篮球运动员的记忆方式逐渐向理性记忆转变，即通过思维加工、整合和重复练习，将信息长期存储在大脑中。在小篮球运动员身心发育过程中，认知发展的顺序性表现为认知水平逐渐由具体到抽象、由简单到复杂、由客观到主观。四年级（约 10 岁）以下的学生，他们的认知活动主要以感性认识为主，即通过感官获取直接的经验和印象。随着年龄的增长，小学生的认知活动逐渐向概念化和符号化转变，即通过思维和语言表达抽象的概念和符号。上述小学生记忆发展和认知发展的顺序性对于小篮球运动员的英语学习、技术训练和比赛中的战术应变能力有着重要影响，教师需要根据小学生不同阶段的记忆特点和认知规律进行合理的篮球训练和英语教学。①

此外，课题组还借鉴了何阳等学者在双语篮球教学实践研究中的"喊练""导入、导练和导用""优势互助""集中讲解示范，分组练习"和"实践与理论有机结合"等教学模式。② 参考小学双语体育教师和双语小篮球训练师的教学经验，本课题组总结了以下五种效果较好的跨学科教学组织形式与方法：

1. 寓教于乐的双语体育游戏

游戏引导者通过口头语言讲解和肢体语言示范，使学生将英语口令与动作联系起来，在游戏中提高学生的身体素质和英语听说能力。双语体育游戏以英文口令为体育双语教学的切入点，根据"全身反应教学法"，将语言与动作相结合，从而更好地促进学生掌握语言。在双语体育教学中，教师通过使用英语口令，可以将英语单词与动作直观且紧密地结合起来，其高频重复和简单易学的特点有利于学生掌握与

---

① 程鹏.小篮球运动员身心发育规律与训练特征分析 [J].新体育，2023（10）：107-109.
② 何阳，孙民治.对高等体育院系本科篮球实践课运用双语教学的实验研究 [J].北京体育大学学报，2005（12）：1681-1683.

篮球运动相关的英语表达方式。[①] 例如，在"三威胁听口令"的游戏中，教师随机发出"头（head）""耳朵（ear）""肩膀（shoulder）""膝盖（knee）""脚趾（toe）""球（ball）"等口令，两名学生面对面，以篮球"三威胁"姿势站立，边听英语口令边做相应的触摸自身器官和抢球的动作。

在双语体育游戏中，引导者发出中文指令，参与者进行英文口语翻译，同时做出一致的行为反馈；引导者发出英文指令，参与者进行中文口语翻译，同时做出一致的行为反馈，这有助于学生实现中英语言的信息交互同频。此外，参与双语体育游戏及中英正反义互译进阶练习还有助于学生的耳、口、身体动作、意识建立起十分密切且牢固的神经联系。加上肌肉记忆的加持辅助，学生对于双语体育游戏体验中接触的这些英文单词很可能终生难忘。

山西省孝义市永安路小学教师冯渊媛认为，游戏是小学生十分喜爱的活动，在应用情景体验式教学模式优化英语教学时，教师可以将游戏情景融入教学课堂，从而有效提升英语教学课堂的趣味性，让学生在游戏化、娱乐化的学习氛围中学习英语知识，起到寓教于乐的教学效果。在这一过程中，游戏设计要从英语教学实际出发，借助竞争游戏、分组游戏、集体游戏，让学生主动参与情景体验，这样才能真正让情景体验式教学模式的应用价值得到提升。[②]

2. 自我激励导向的双语训练教学

在"变向（cross over）""行进间转身（spin move）""全场'V'字运球"等脚步动作的组合教学中，需要重复训练学生蹬地加速的运动能力。在持续练习单一全场加速过人动作的过程中，要加入喊叫"加速度（acceleration）""加速（speed up）""永不止步（keep moving）"

---

① 姜全林 . 英语口令——体育双语教学的切入点 [J]. 内蒙古师范大学学报（教育科学版），2004（S1）：165-166.

② 冯渊媛 . 情景体验式教学模式在小学英语教学中的应用 [N]. 科学导报，2023-04-14（B03）.

等环节，做到练中有喊、喊中有练。正面心理暗示既有利于学生刻苦训练时进行自我激励，又有利于学生在"喊练"过程中实现简单英语单词和词组的输出运用。

3.技战术训练模式下的双语教学

动作技能教学可分为泛化、分化、巩固和自动化四个阶段。在变向（cross over）、移动中传接球（pass and catch in moving）、接球上篮（catch and lay up）和传切（pass and cut）等技战术动作组合教学的分化和巩固阶段，引导者应不断用英语口令重复纠正学生的技术动作，提醒其挥手（wave hand）、蹲低（bend down）、抬头（head up）。在优势学生熟练掌握该动作后，可让其作为引导者，不断用英语口令重复纠正后进学生的技术动作。

4.常规体能训练模式下的双语教学

这种形式下的双语教学涉及的英文词组如下：跳（jump）、跑（run）、滑步（slide）和绕（move around）等动作类词组；更高（higher）、更快（be faster）、更远（go further）等形容词、副词及其比较级、最高级；东（east）、南（south）、西（west）、北（north）、摸铃（touch the ring）、左（left）、右（right）等方位名词和介词。此外，常规体能训练模式下的进阶版双语教学模式有助于强化大脑对于英文正反义词组如高（high）、低（low）、前（front）、后（back）的中英文信息同频反馈和逆向反馈方位的信息处理能力。

5.英语主题导向的体育情景剧模式教学

英语知识和其他学科知识存在本质区别。受母语作用的影响，小学生对英语课程探索缺乏浓厚兴趣，在课堂上屡屡出现走神、注意力不集中等情况，教师渗透语言知识技能面临诸多阻碍。情景体验式教学模式追求生动教学情景的建构，基于小学生的兴趣偏好，优化英语知识的呈现和输出方式，有助于改善僵化的英语教学环境，使学生的注意力凝聚到学习情景之中，从而提升学生对英语课程的兴趣体验和情感体验。此外，小学生对第二语言知识的理解存在思维上的阻碍和壁垒。无论是在文化背景上，还是在句法表达方式上，英语都和汉语明显不同，这一特性致使学生在学习英语时极度匮乏共鸣体验。但是从本质上说，英语仍旧是一种用于交流和沟通的语言工具，因此其不能和日常生活脱离关系。小学生已经具备基本的篮球运动经验，这是教师应用情景体验式教学模式的有利着力点。在新时期的小学英语教改工作中，教师应该着重为学生创设已有经验的导入情景，激活学生的已有经验共鸣，这样，学生的认知理解思维与语言课程之间的距离就会有效缩短，学生也会感知生活中无处不在的英语元素，从而达成情景体验式教学模式和英语及篮球课程的有机整合。[①]

课题组参考英语和篮球学习规律，结合双语体育教学实践，发现学生在上述五种教学组织形式与方法的双语教学下，依然无法掌握较为系统的语法知识。虽然学生有足够的单词量，但依然做不到与他人顺畅交流，这是由于简单句和短句的表述沟通功能有限，而其说的长句多为病句。初高中阶段的英语学科目标对学生句法语法的要求较高，因此，在高水平比赛评析和篮球历史文化的教学内容中，教师应注意启蒙小学高年级学生的英语视听水平，培养其理解和运用形容词、副词的比较级、最高级词法，"too...to""not...enough"和"so...that"句法，形容词性从句，宾语从句和非谓语从句等语法的初级能力，鼓励小学生参与拍摄英语主题导向的体育情景剧。竞技比赛场景中的双语裁决教学和小篮球队员外语交流习惯的养成，需要技术台的记录员（recorder）、裁判员（referee，judge）和运动员（player）浸润式地扮演好情景中的角色，用中英文完成与学生的沟通。此过程需要双语篮球教师、教练改编国际篮联的中英比赛记录表，引导学生熟悉双语记录比赛数据的流程和内容，让每位学生的英语听、说、读、写能力和对 3vs3、5vs5 国际篮球赛事组织的理解更上一个台阶。

教师在技术与语言联系中通过情境设置，使学生融入情境，让每

---

① 王伯红.情景体验式教学模式在小学英语教学中的应用[J].学周刊，2022（20）：113-115.

个学生在情境中都有一个明确的角色。肢体语言和口头语言的协调配合使情境英语学习氛围活跃自然，较好地消除了部分学生在传统学科英语课堂上进行语言练习的害羞心理。

（三）双语和篮球教学协调配合

第二外语教学在整堂篮球训练课的时间占比并非一成不变，具体比例需要根据此次双语篮球教学的篮球目标和语言目标设定、大多数学生篮球水平和第二外语的最近发展区，以及场地设施灵活调整。一般而言，双语篮球教学的实施需遵循循序渐进的原则，分层次、分阶段地进行，应从穿插式和渗透式过渡到翻译式和浸润式，从传统的单语教学（全中文教学）逐渐过渡到英语和中文交叉使用的阶段，通过全体师生的努力，接近全英文教学的理想状态。总之，课题组认为，双语和篮球教学的协调配合有赖于教师的跨学科素养与能力，学生跨学科学习的持久动力，相对独立的第二外语生态。

三、研究结论

（一）双语篮球课可行性及效果

文献分析双语体育教学实验发现，英语学习在很大程度上是一种技能学习。技能水平的高低与技能的熟练程度密不可分，要想达到熟练程度，就要有充足的练习时间和良好的练习环境。在篮球专项课中实施双语教学，不仅可以培养学生的听、说、读、写能力，还可以培养学生用英语进行思考的能力。练习时间的长短与练习环境的优劣都直接影响学生运用英语的熟练程度，而体育的广泛性为学生提供了时间和环境保证，既增加了学生在学校使用英语的时间，又让学生深刻体会到英语不仅仅是一门学科，还是一种非常实用的工具。

双语体育课程本质上是跨学科课程，良好的跨学科课程的实施有利于学生掌握多门学科的知识和技能，使学生适应我国应试教育环境，达到素质教育目标，促进学生核心素养的发展。诸多文献研究表明，学生认可篮球双语教学，课堂教学效果较好，学生认为双语教学不仅不会影响篮球技能的学习，反而会促进他们对与篮球相关的英语知识的学习。[①] 在篮球教学中实施双语教学，教师运用双语来进行技术动作的讲解，并示范篮球的技术动作；学生通过观察教师的示范动作，聆听教师的双语讲解，并且自己不断重复相关篮球专业英语词汇。学生将观察到的动作很直观地反射到大脑，并与听到的英语词汇相结合，可以在练习篮球技术动作的同时，领悟教师所讲解的与篮球专业相关的英语词汇、短语的含义，加强自身对篮球专业相关英语词汇的理解与记忆。在篮球的双语教学过程中，学生练习的篮球技术动作与教师运用英语讲解的情景相对应，使学生在练习篮球技术动作时，眼睛、口、身体动作、意识建立起十分密切的联系，将相关的篮球技术动作与篮球英语词汇留存在脑海中，印象深刻。[②]

录像观察研究和实践结果表明，双语篮球训练弥补了英语应试教育"只会写，不会说，不懂用"的"哑巴英语"的不足，有助于学生养成主动开口说英语的习惯，提高他们实际运用英语的能力；有助于学生建立第二外语学习的科学模式，使他们达到英语听说读（识记输入）、思维理解和动作行为（表达输出）三者合一的效果。

① 高玺博 . 青少年篮球培训实施双语教学效果的实验研究 [D]. 南京：南京体育学院，2017.

② 肖孟光 . 成都市小学体育双语教学研究 [D]. 成都：四川大学，2007.

（二）小学双语篮球教学框架

小学中英双语篮球教学简案

课时	双语篮球教学模块	篮球知识与技能	英语知识点
1	篮球进攻技术与战术	进攻：原地高拍球和行进间高运球 体能：速度与心肺耐力（变距折返跑）	High dribble，speed up
2		进攻：原地低拍球和行进间低运球 体能：下肢力量（鸭子步）、跳远	low dribble，run，free throw
3		进攻：控制性运球、速度运球 体能：上肢力量（俯卧撑）	control dribble，speed dribble，push up
4		进攻：多种运球方式变换走直线、运球走曲线 体能：听令左右跑、跳远	power dribble；second dribble；right，left，long jump
5		进攻：变向过人，三步上篮 体能：跳高、腰腹力量（俄罗斯转体）	cross over，high jump，lay up
6		进攻：传接球，传切上篮 篮球规则：携带球违例、二次运球 体能：单脚跳和平衡练习	give and cut； carry the ball，double dribble
7	篮球防守技术	防守：姿势、位置和滑步 体能游戏	position，slide，bend down； game：knees，shoulder，head
8		防守：前滑步、侧滑步（禁区移动box move）和卡位抢篮板	slide，front，backward，box out to get rebound
9	篮球规则	开场跳球和争球，走步	jump ball，tip-off，travel
10		圆柱体原则、撞人犯规	space，charge
11		罚球	free throw
12		8 秒和 24 秒违例	24 seconds violation，time out

课时	双语篮球教学模块	篮球知识与技能	英语知识点
13	篮球高水平竞技比赛赏析	绝杀比赛（英文解说，中英文字幕）	buzzer beater（carry the ball 担当责任 =be responsible for）
14		团队配合助攻队员上篮（战术）	assist，lay up to score
15		变向过人、急停跳投、三分投篮	cross over，jump shot
16	篮球历史文化	篮球起源	story
17		巨星励志故事	no pain, no gain
18		篮球外交	Could I invite you to play a game with us?
19	展示与比赛	3vs3 比赛	player，referee，recorder
20		5vs5 比赛与组织	foul，teamwork

附录 3

双语体能游戏 "跳房子" 实践总结

"跳房子"游戏最早起源于罗马帝国时期,最初的游戏规模有 100 英尺(30.48 米)长,主要用于罗马步兵的军事训练。后来,罗马的孩子们开始模仿军队的这种训练,他们在球场画线扔石,并且添加了一个评分系统。之后,跳房子游戏蔓延整个欧洲,逐渐成为一种世界性的儿童游戏。在我国,跳房子游戏始于清代,它不仅能提高儿童跳跃、奔跑和保持身体平衡的能力,还能培养他们团结、协作和锻炼身体的意识。

跳房子游戏的成本很低,不需要特殊的游戏材料,是一种比较简单和廉价的游戏。玩的时候,只需要一块相对平整的地面、一个粉笔头或者比较硬一点的能在地面上画出痕迹的东西,如小瓦片或石块、砖块等。游戏开始前,先在地面上画出大小适中的方格状或飞机状等形状的房子,区分出方格和半圆之间的轮廓。

传统的跳房子游戏玩法是先在地上画一个飞机状的房子,每个格子内写一个数字,按自下向上的顺序,最下面两排分别是 1、2 各一格,第三排由 3、4 左右两格并列,第四排是 5 为单独一格,第五排由 6、7 左右两格并列,第六排是 8 为单独一格,最上面的顶端书写"天"字,意味着"天空",以半弧线包在"天"字外,具体如图附录 3-1 所示。

课题组成员根据以上跳房子游戏的特点和玩法,经多次讨论,将传统的跳房子游戏进行创新,设计成由气泡、圈、蔬菜、螃蟹、青蛙等图案组成的新房子,如图附录 3-2 所示,以森林探险为主题来完成跳房子的游戏。森林探险主题具体内容包含了开始(to start)、单脚跳戳气泡(pop the bubbles)、顺着花茎走(walk the stem)、转圈(spin)、爬行采摘蔬菜(touch to pick up)、螃蟹爬(crab climbing)、青蛙跳（frog hop）、手脚并用贴合走跳（walk and jump with your hands and feet fitted）及结束部分的中英文动物图案的单双脚交替跳（jump alternately on one and two feet）情景环节。

经实践发现，跳房子游戏深受幼儿和中小学生喜爱。课题组在实践中，让一年级学生进行分组竞赛来完成跳房子体育活动（见图附录 3-3 至图附录 3-5），发现学生的兴趣非常浓厚，参与度非常高。图附录 3-2 中的游戏既可以单人玩、多人玩，也可以分组玩来进行竞赛。比如在游戏中，由篮球代替传统游戏中的沙包或瓦片，让一名学生手持篮球站在开始处，把球放在第一个气泡处，然后单脚跳到球旁边的气泡，依次跳过每一个气泡，再走过向日葵，跳着去采摘蔬菜，再学螃蟹爬过河，接着跳过荷叶，再手脚并用贴合走跳，到达终点后反转跳回来，面向开始线处，继续完成之前的动作，直到跳回第一个气泡处将球抱起回到开始处。再将球滚至第二个气泡，重复以上动作。在玩的过程中可以配合双语教学，融入一些单词、短语等，以增加游戏的乐趣。

幼儿和中小学生在玩双语跳房子体能游戏时，既提升了体能耐力，又习得了英语，实现了"动中学，玩中练"的效果。在初次授课时，指导教师可以先用中文说明跳房子的森林探险主题内容，激发学生的想象力，提升学生参与的兴趣和积极性，经过三轮跳房子体能练习后，指导教师还可以让幼儿和小学生在第四、五轮跳房子游戏动作和放松拉伸环节，猜和读游戏上的单词短语，这样的教学设计符合体育锻炼和语言习得规律。跳房子的双语主题和动作可以根据当地社会经济文化特色、校园文化及体能游戏动作组合设计优化。一个简单的跳房子游戏可以有多种玩法、多种学法，从而充分发挥学生的想象力，让学生自由思考组合来玩跳房子游戏，玩法可以由学生自己定，充分发挥学生的主观能动性。

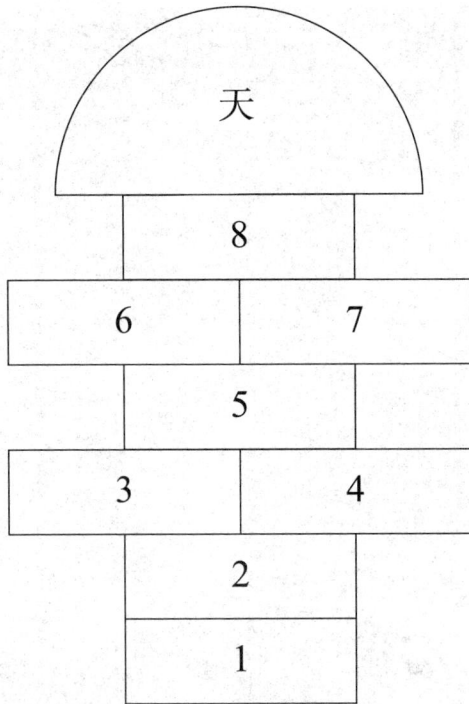

图附录 3-1　传统跳房子游戏图

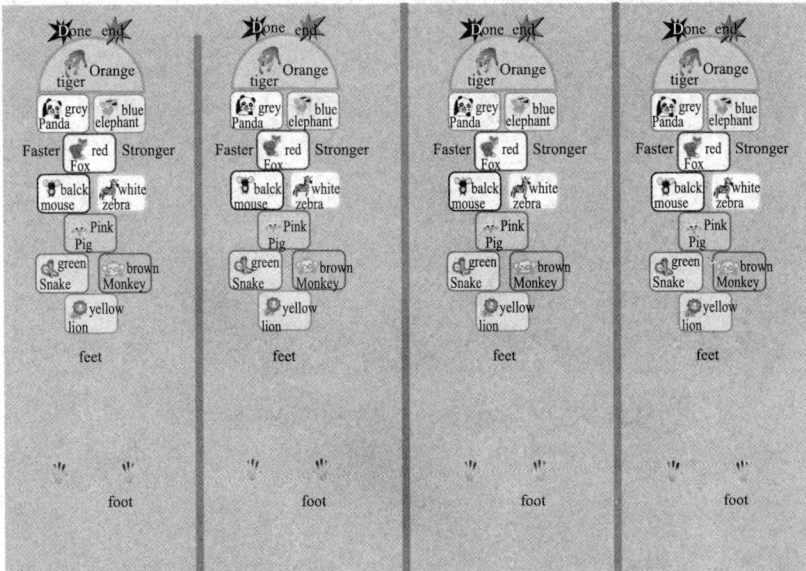

图附录 3-2　森林探险主题跳房子设计图之一

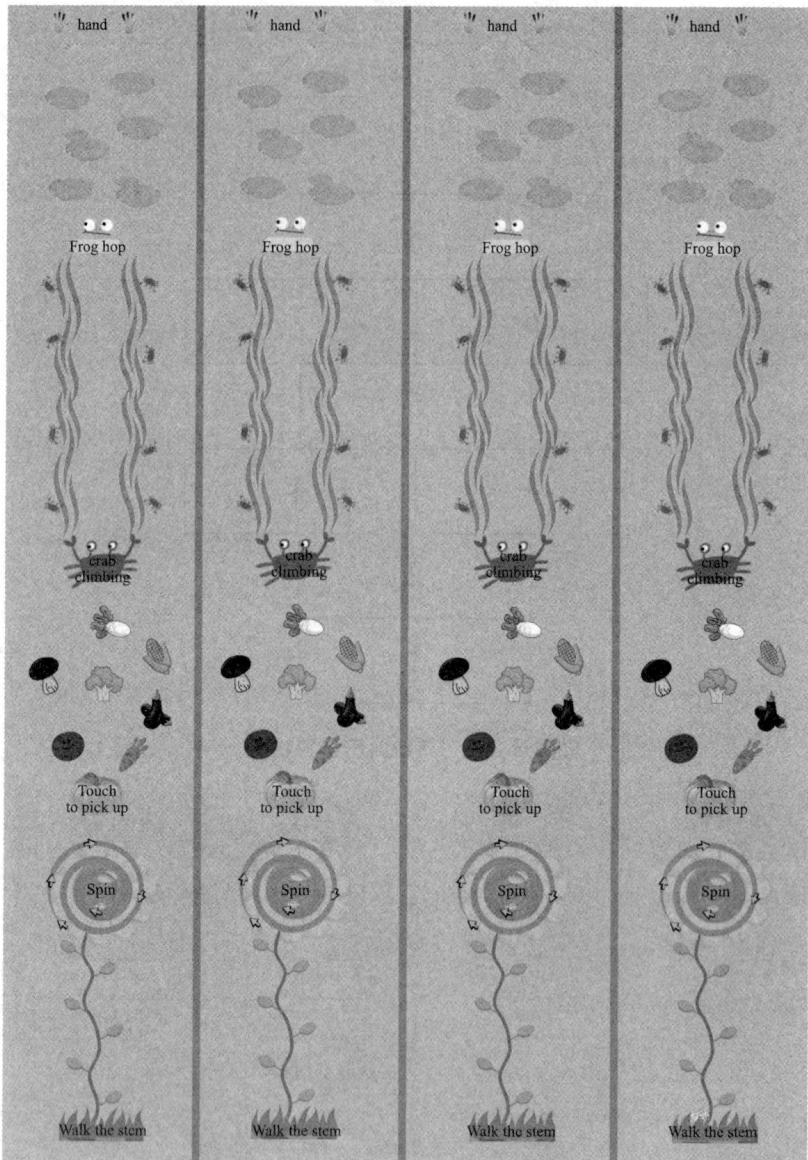

图附录 3-3　森林探险主题跳房子设计图之二

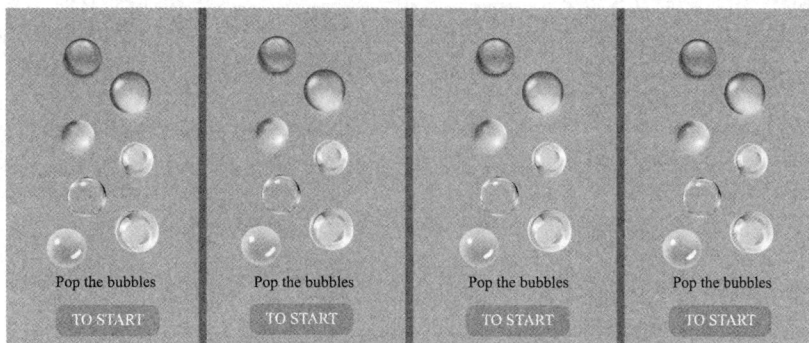

图附录 3-4　森林探险主题跳房子设计图之三

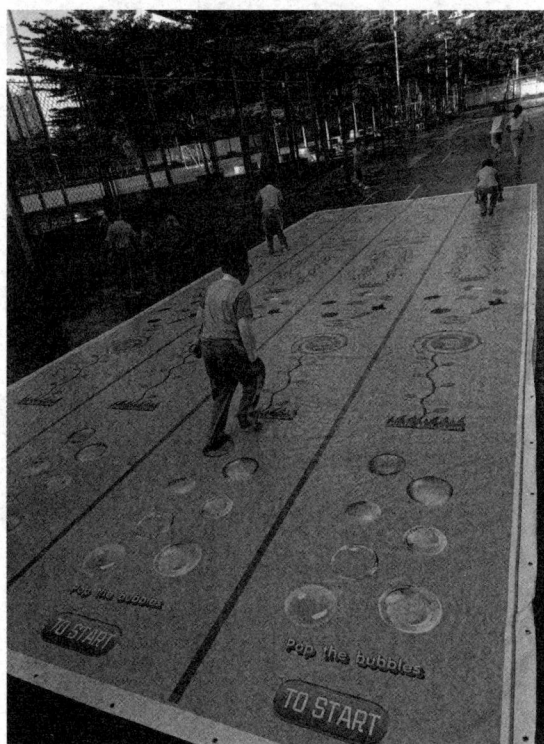

图附录 3-5　森林主题跳房子上课实景正面图

后 记

还记得 2017 年的某个中午，钟红云园长给我打电话，说她认识的一个幼儿园园长想开展有关学前教育健康领域方面的课题研究，谈到目前这所幼儿园正在开展篮球特色教学，园长想让我和她一起来进行这方面的研究。当时我听后，眼前一亮，篮球还可以玩出花样？怎样个玩法？后来在钟园长的引荐下，我和刘路芸园长见面了。见面后，她就幼儿园及课题研究开展反馈情况和我进行了交流。其中我记得最清楚的就是刘园长说的"当很多幼儿园的孩子在一起参加活动时，我园的孩子一站到台上，几乎所有园长都说我园的孩子普遍比其他幼儿园的孩子要高"。确实，打篮球有助于孩子身高的增长。这次交流后，我们开始策划申报课题，进行有关花样篮球园本课程的探索。从此之后，我与花样篮球结缘，会时不时地关注各类与篮球有关的活动。

一晃时间过去好几年，我的工作地点也于 2019 年从江西赣南搬到海南海口。虽然工作地点变了，但是由于网络比较发达，我一直与幼儿园保持联系，也关注着花样篮球一点一滴的进步。2021 年，我教授一个研究生班的课，在课上和同学们聊到了花样篮球，正好学生王杨是学英语的，也热爱篮球，并且觉得篮球与学科结合十分有意义，经过酝酿后，也就有了我们现在的研究课题。虽然在开展研究过程中遇到了各种困难，但是我们迎难而上，攻克了一个个难关，这要感谢项目组的每一位成员。项目组全体成员一步一个脚印，不懈努力，这才有了我们今天的成果。这个项目成果成书过程中，经历了多次的争论与研讨。同时，对于这本书应该以怎样的体例呈现出来，在我的头脑中也出现过激烈斗争，最终确定以本书目前的方式来展现，也是考虑幼儿园、中小学教师的思维体系，有理论，有实践，有反馈，这正是理论联系实际的最佳形式。本书内容既源于实践，也用于基层实际，希望能够为广大幼儿园、中小学的篮球教学工作者提供参考。

对于项目的谋划、立项，王杨等人付出了很多劳动。虽然王杨现已毕业，但在新的工作岗位上，仍然不忘项目的建设。在此，我作为老师，感谢王杨的辛苦付出。同时也要感谢海南师范大学体育学院的毛武陵老师，他指导王杨进行实践教学活动，并亲力亲为进行篮球示范教学，指导王杨如何进行总结等。此外，王杨老师在海口市秀峰实验学校进行双语体育跨学科教学工作，离不开海口市陈宝小学体育名师工作室，海口市龙华区体育教研室及学校领导教师等相关教育专业人士的指导和关心，限于篇幅，不便列举名字。另外，我还要感谢项目组的所有同学，如李东泽、高郁雯、黎致俪、陈琪、沈家尧、种泓宇、陈杰坤、薛昀姗、曲艺瑄、方萌、张凯茹，感谢他们的付出，他们不怕困难，不怕烦琐，一次次调整修改案例信息，在此，我由衷地说声：谢谢我的团队成员，谢谢你们的辛苦付出。同时我要感谢赣州市兴国县社富乡中心幼儿园的陈秋香、陈科华、赖静、林霞、刘琳、刘素华、孙惠清、李海滢、肖春、周勇连等教师，他们提供了有关开展花样篮球活动的反馈。还要感谢赣州市兴国县社富乡中心幼儿园的家长们提供了花样篮球活动的反馈。也要感谢赣州市兴国县社富乡中心小学的全体教师给予了花样篮球进入小学的反馈。感谢科技园所有老师对此项目在运作过程中的各种指导；感谢教育学院的黄诗颖老师在项目经费方面给予的支持；感谢我的领导、同事在项目完成上给予的大力支持；感谢我的家人，让我能够静下心来完成书稿；感谢我结识的充满正能量的人；感谢我周围对事业热爱的人，是你们的正能量和对事业的热爱感动了我，是你们的精神指引着我，使我能够认真对待自己的工作，遇到困难时能坚持不懈。

在撰写本书过程中，笔者阅读并参考了国内外大量文献资料，虽然参考文献中列出了一部分，但由于时间仓促，难免有遗漏，在此，我对本书引用过的文献资料的所有作者表示感谢。还要感谢出版社的各位人员，在本书的审核和出版过程中，为书稿的完成和出版付出的辛劳。

由于笔者时间和精力有限，书中难免存在不足之处，欢迎广大读者批评指正。

戴慧群

2024 年 7 月 15 日